Sophia Weixler

Ich atme Hoffnung

Sophia Weixler

Ich atme Hoffnung

Psalmen jenseits von Gewalt und Missbrauch

Patmos Verlag

VERLAGSGRUPPE PATMOS

PATMOS
ESCHBACH
GRÜNEWALD
THORBECKE
SCHWABEN
VER SACRUM

Die Verlagsgruppe
mit Sinn für das Leben

MIX
Papier | Fördert gute Waldnutzung
FSC® C014496

Klimaneutral
Druckprodukt
ClimatePartner.com/14549-2003-1001

Die Verlagsgruppe Patmos ist sich ihrer Verantwortung gegenüber unserer Umwelt bewusst. Wir folgen dem Prinzip der Nachhaltigkeit und streben den Einklang von wirtschaftlicher Entwicklung, sozialer Sicherheit und Erhaltung unserer natürlichen Lebensgrundlagen an. Näheres zur Nachhaltigkeitsstrategie der Verlagsgruppe Patmos auf unserer Website www.verlagsgruppe-patmos.de/nachhaltig-gut-leben

Verlagsgruppe Patmos in der Schwabenverlag AG, Ostfildern
www.verlagsgruppe-patmos.de

Umschlaggestaltung: Finken & Bumiller
Satz: Schwabenverlag AG, Ostfildern
Druck: GGP Media GmbH, Pößneck
Hergestellt in Deutschland
ISBN 978-3-8436-1438-2

Inhalt

Wer unterdrückt war, erlebt Gerechtigkeit.

Wem das Lebensrecht geraubt wurde, lebt wieder auf.

Wer in Abhängigkeit verstrickt war, atmet Freiheit.

(PSALM 146,9)

Psalm 1
Wohin des Wegs?

1 Ganz bei mir kann ich bleiben, wenn mich kein Rat erschlägt.
Wenn ich mich lernend vortaste zu meiner ängstlichen Angst
und ich meine begrenzenden Grenzen annehme.

2 Ich genieße es, dass die Ewige Liebe uns ihr Wort schenkt,
immer und überall entdecke ich tastend ihre Spuren.

3 Verwurzelt in meinem Grund und meine Kraftquellen
kennend, blute ich nicht für andere aus und habe genügend
Kraft für alles, was mich aus mir selbst herauslocken will.

4 Anders ist das, wenn ich mich selbst verloren habe.
Ich bin hier und dort, immer unterwegs und auf der Flucht
vor einem schweigenden Sein.

5 Ich kann dem leeren Ort in mir nicht begegnen,
weil ich denke: Ich muss alles selbst schaffen.

6 Wenn ich ganz bei mir bin, schaue ich die Ewige Liebe
und der Ewige schaut mich.
Bin ich in mir verloren, ersticke ich in der Einsamkeit.

Psalm 2
Behutsam sorgend

1Warum steht die Welt kopf?
Warum denkt jeder nur noch an sich?

2Die Reichen werden noch reicher
und haben nur ihr Vergnügungsuniversum im Kopf
und wollen von dem kostbarsten Schatz der Welt
nichts wissen.

3Auf, wir reißen uns los von dem, was uns unfrei macht,
und lassen hinter uns, was uns bisher gefangen hielt.

4Sie, die Ewige, sieht all das Durcheinander
in deinem Innern.

5Er, der Anfang allen Lebens, bietet dir seine Hilfe an,
doch blicke ich der Angst ins Auge,
schmeckt das Angebot nach Unfreiheit.

6Ich selbst sehnte mich danach,
dass jemand behutsam für die Menschen sorgt,
damit sie mich erspüren.
Dort sollte meine Gegenwart besonders berührbar sein;
es sollte ein Ort sein, der neue Perspektiven eröffnet,
und ein Raum, sich selbst zu finden.

7Ich lauschte und erfuhr dieses Wort:
Du hast deinen Ursprung in mir,
mein Geist ist in dich gehaucht
und jeder Augenblick ist von mir durchatmet.

8Du kannst alles von mir haben,
weil uns nichts mehr trennt;
ist schon alles dein, vom Anfang bis zum Ende;
enthält alles eine Spur von mir, so auch du. →

9 Sei achtsam mit allen Geschöpfen, sorge liebevoll für sie,
dass ihr Herz nicht wegen dir brüchig wird.

10 Denjenigen, die für andere behutsam sorgen wollen,
sei ans Herz gelegt, besonders sensibel zu sein,
um nicht vorschnell fertige Lösungen zu präsentieren.

11 Wenn ihr in die Gegenwart der Ewigen eintaucht,
verliert nicht die Bodenhaftung, vergesst nicht den Humor
und zeigt eure Freude, so wie ihr es könnt.

12 Zeigt den Menschen etwas von der Liebe,
denn jedes Gesicht ist ein Spiegelbild ihrer Schönheit.
Sonst verzettelt ihr euch und lauft vorbei
an dem Lebendigen und seid nur voller Unruhe.
Ganz bei mir bin ich, wenn ich immer wieder
einen Ort finde, wo ich mich zuhause fühlen kann,
weil ich ganz im Lebendigen bin und der Lebendige in mir.

Psalm 3
Ich muss hier raus

1

2 Du, meine Hilfe, alle sind gegen mich,
ich weiß nicht weiter.

3 Die Stimmen in meinem Kopf reden mir ein,
dass es die Ewige Liebe nicht gibt.

4 Mein Herz weiß, dass ich in Dir geborgen bin.
Ich kann lernen zu lieben, auch mich selbst.
Ich kann aufrecht stehen.

5 Ich schreie zu ihr und er hat mir geantwortet.
Ich sehe, woran ich vorbeigehastet bin.

6 Ich konnte nicht mehr
und legte mich auf den hart-kalten Boden.
Meine Augen fielen zu,
nur mit der Kraft der Trösterin konnte ich wieder aufstehen.

7 Obwohl alle gegen mich sind, bleibe ich aufrecht.

8 Du meine Ermutigerin, lass mich Dich spüren, hilf mir.
Ich habe Deinen zärtlichen Hauch schon gespürt,
nichts konnte mich vernichten.

9 Du bist meine einzige Helferin.
Dein freundliches Wort bewohnt mich.

Psalm 4
Hin & her

1 *Den Tag ausklingen lassen.*

2 Sag doch was, wenn ich mit Dir rede,
Du weißt ja, was mir fehlt.
Ich konnte wieder durchatmen in meiner Verzweiflung.
Schenke mir, was ich zum Leben brauche.
Hör doch, dass ich am Boden zerstört bin.

3 Ihr, die ihr euch stark und besser fühlt,
wie lange verlasst ihr euch auf euch selbst?
Meint ihr immer noch, das sei alles,
und könnt ihr euch selbst nicht ertragen?

4 Öffnet euch, denn die, die er ermutigt hat,
hat er auch berufen. Die Ewige Liebe lauscht,
sobald ich mich ihr leichtfüßig zuwende.

5 Erschrick nicht und hab keine Angst!
Geh dorthin, wo du dich sicher und geborgen fühlst
und werde ganz ruhig in dir.

6 Gebt alles, was ihr habt, um echt zu sein,
und vertraut dem Lebendigen.

7 Viele sagen: Wir haben keine Zukunft mehr!
Unsere Trösterin, lass uns Deine Gegenwart erspüren.

8 In Dir tauche ich in entgrenzte Freude ein.
Nichts und niemand außer Dir kann mir das geben.

9 Jetzt endlich bin ich wieder bei mir
und erlebe tiefen Frieden.
Ich kann mich ausruhen,
denn nur in Dir bin ich jetzt sorglos frei.

Psalm 5
Bei Dir

1 *Ich werde langsam wach.*

2 Hör mich endlich, hör, was ich sage.
Es bleibt nur ein kleines, bibberndes Seufzen.

3 Was ist los mit Dir? Ich brülle wie ein Löwe,
und Du bleibst still. Du, meine Versorgerin, mein Ewiger,
ich sehne mich so sehr nach einem schützenden Ort bei Dir.

4 Du, die Wachende, hörst mich morgens,
wenn ich an Dich denke, am Morgen bereite ich mich vor
auf die Begegnung mit Dir und suche Dich.

5 Du, die Weisheit, gibst Zerstörerischem in Deiner Nähe
keinen Raum
und jeder Übeltäter flüchtet beunruhigt vor sich selbst.

6 Bei den Möchtegern-Helden findet die Liebe kein Zuhaus.

7 Jene, die Deine Wirklichkeit nicht ertragen,
werden hin und her getrieben von Unruhe.
Alle, die anderen das Leben schwer machen
und andere manipulieren, können in Gottes Gegenwart
keine Hoffnung atmen.

8 Ich darf in Dich eintauchen;
beschenkt staune ich, weil Du es gut mit mir meinst.
In Deiner Gegenwart erfahre ich meine Würde,
weil ich ganz in Liebe eingetaucht bin.

9 Du, meine Wegbereiterin, hilf mir, weiterzugehen,
denn Du weißt, dass es weitergeht.
Ich allein könnte keinen Schritt mehr tun.
Räume alles aus dem Weg, was mich hindert, weiterzugehen.

→

10Tief verwurzelt hat sich das Gefühl,
dass es gerade keiner ehrlich mit mir meint.
Jedes Wort reißt alte Wunden auf,
ich fürchte mich vor jedem Wort,
das mir von anderen entgegenkommt.

11Am liebsten wäre ich weit weg,
damit ich das nicht mehr aushalten muss.
Ich will nur noch bei Dir sein,
ich fühle mich fremd in der Verlorenheit.

12Wer Dir vertraut, darf tanzende Freude erfahren,
sie ist berauschend und mitreißend.
Beschütze die Vertrauenden,
dann wird uns nichts mehr von Dir trennen.
Vereint in Liebe werden wir sein.

13Du, das Wort, schenkst Dich denen selbst, die in sich ruhen.
Geborgen erfahren sie sich schenkend und empfangend
zugleich.

Psalm 6
Verwandeltes Nachdenken

1*Nachtgedanken.*

2Du, die Barmherzige, sei nicht so, wie ich es erwarte.
Wie ich es bei Menschen erlebe, wenn sie wütend werden.

3Gib mir, was ich zum Durchhalten brauche.
Du, mein Ermutiger, kümmere Dich um meinen Schmerz.
Ich habe das Gefühl, nicht mehr atmen zu können.

4Ich bin schockiert bis in mein Innerstes.
Du meine Sehnsucht, wie lange noch muss ich durchhalten?

5Du meine Geborgenheit, komm mir nahe
und reiß mich hier raus. Hilf mir, weil ich weiß,
dass Du mich beglücken kannst.

6Wenn ich tot wäre, was bliebe von mir
und was wäre noch unfertig?

7Ich bin erschöpft, ich seufze.
Ich kann nicht schlafen, weil ich nur weine
und meine Tränen das ganze Kissen befeuchten.

8Vor lauter Tränen kann ich nichts mehr sehen,
ich bin einfach nur schwach und müde.

9Jetzt ist alles anders.
Jetzt hast Du mich herausgerissen aus meiner Verzweiflung,
meine Trösterin hat mich wahrgenommen.

10Mein Zuhörer hat mich endlich gehört.
Weil ich bei ihm war, ist er bei mir.

11Erstaunt sind sie und ungläubig, dass Verwandlung
möglich ist. Auch sie müssen sich verändern und mich
mit neuen Augen sehen.

Psalm 7
Die Schuldfrage

1 *Ich stecke fest.*

2 Meine Zuflucht, ich will mich in Dir verstecken
vor all dem, was auf mich eindringt, tu was!

3 Damit ich dem standhalte, was kommt,
und ich mich nicht selbst verliere und gefangen bin,
weil mir verboten wird zu reden, tu was!

4 Wenn das wahr sein soll, meine Ewige Liebe,
wenn ich mich falsch verhalten habe,

5 wenn ich falsch gehandelt habe an dem,
der sich Freund nannte, wenn ich sein Leben zerstört habe,
ihn, der mich grundlos bedrängte,

6 dann soll es so sein, dann nehme ich es an,
dann ist der Tod mein einziger Ausweg,
dann darf ich nicht mehr sein, dann bin ich niemand mehr.

7 Meine Erlöserin, zeig Dich doch, wie Du bist,
zeige Deine Stärke, damit ich nicht verlorengehe.
Vergiss nicht, dass es mich gibt. Du weißt, was jetzt nötig ist.

8 Alle sollen Dich sehen, aber nur einen Augenblick,
sodass sie erstaunt zurückbleiben.

9 Der Einzige richtet alle auf! Zeig Du als der Einzige,
dass wir zusammengehören, sodass mir geschenkt wird,
was ich für mein Inneres brauche,
damit ich wirklich annehmen kann,
dass ich keine Schuld trage.

10 Jene, die ruhelos umherirren, sollen fähig werden,
sie selbst zu sein, und jene, die in sich ruhen,
sie brauchen Dich, damit sie aufrecht stehen können.
Du kennst jeden Winkel in uns,
Du weißt, was jeder Mensch braucht.

11 Niemand als Du kann mich beschützen.
Sie ist die Helferin für alle, die sie heute suchen.

12 Er hilft denen auf, die hinfallen und am Boden
liegen bleiben, einer, der Tag für Tag bei uns ist.

13 Ohne zu übertreiben:
Gleich im nächsten Augenblick beginnt alles von vorn
und ich bin wieder ohnmächtig
und am Ende meiner Kräfte.

14 Doch etwas hat sich verändert: Ich.
Er, der mir wehtun will,
er kann mich nicht mehr zerstören wie damals.

15 Er will nur wehtun;
eigentlich ist er selbst verletzt,
doch kann er nur andere verwunden,
um sich selbst zu ertragen.

16 Er wollte mich am Leben hindern, er wollte,
dass ich nur als Etwas existiere, das von ihm benutzt wird;
doch dann hinderte er sich selbst am Leben in Fülle
und war selbst abhängig von der Droge.

17 Sein falsches Handeln wird sichtbar und allen wird bekannt,
wer er sein kann.

18 Ich danke der Treuen, dass sie weiß, was ich nötig habe.
Mit meinem ganzen Sein will ich zeigen, wie Du bist,
denn Du bist die Ewige Liebe.

Psalm 8
Unbeschreiblich

1Der Gestaltende ist wunderbar,
der Mensch spiegelt sich in ihm.

2Du, die Ewige Liebe, kein Name genügt,
um mit unseren Worten von Dir zu sprechen,
weil Du einfach unfassbar und überall bist.

3Da sind es eher die Kleinen und Schwachen,
die Dich wirklich loben können.
Sieht man ein Kind, kann man nicht anders,
als fröhlich zu sein.

4Blicke ich nachts in den Himmel,
bin ich erfüllt vom Staunen über Mond und Sterne.
Alles ist ein Spiegelbild von Dir.

5Wenn ich diese Schönheit bewundere,
dann merke ich erst einmal,
dass ich mich oft wichtiger mache, als ich bin.
Ich kann wiederum nur staunen,
dass ich bei Dir so bedeutungsvoll bin.

6Der Mensch ist Dir ähnlich gemacht aus Liebe.
Dir so ähnlich, kostbar und wertvoll in Deinen Augen.

7Unserem Wesen hast Du die Sorge für alles, was lebt,
anvertraut und wir dürfen tastend mitgestalten.

8Es gibt jene, die es lieben, mit anderen zusammen zu sein,
und die sehr behutsam sind.
Dann diejenigen, die viel Kraft haben und
die Lasten anderer mittragen können,
aber auch jene, die sich einfach nicht einordnen lassen
in Schubladen und die gegen jegliches Unrecht ankämpfen.

9Daneben auch die, welche die Freiheit lieben
und immer unterwegs sind, um Neues zu entdecken,
und die, welche ganz bei der Sache sind
und immer in die Tiefe abtauchen oder sich treiben
und sich inspirieren lassen auf ihrem Weg.

10Du, die Ewige Liebe, kein Name genügt,
um von Dir zu sprechen mit unseren Worten,
weil Du einfach unfassbar und überall bist.

Psalm 9
Die Erlöserin der Schutzlosen und Leidenden

1 *Gib alles!*

2 Mein ganzes Sein dankt Dir und zeigt, wie Du heil machst.

3 Jetzt! Für einen Moment lebe ich in der Fülle des Lebens,
weil es um Dich geht und ich keine Bedingungen mehr stelle,
sondern hin und weg bin von Deinem Dasein.

4 Ich fühle mich sicher, kein Zweifel, keine Angst
hat mehr Platz in Deiner Gegenwart.

5 Du hast alles für mich gegeben, Du hast Dich für mich
entschieden, Du hast mich aufgerichtet mit Deiner Tatkraft.

6 Dem Lebensvernichtenden kamst Du mit Deiner
liebenden Gegenwart entgegen; wo Menschen
ihr Selbst verkauft haben, hast Du Befreiung geschenkt,
all das Totgeglaubte hast Du lebendig gemacht.

7 Nur noch die Narben der alten Wunden sind sichtbar,
doch das Selbstzerstörerische hat keinen Raum mehr.
Die Erinnerung daran verblasst immer mehr.

8 Das Schmerzhafte gehört zum Leben,
aber die Ewige Liebe bleibt für immer,
ihre Gegenwart richtet die im Staub Liegenden auf.

9 Allem Lebendigen gibt er, was sie brauchen,
den Menschen spricht er das Wort zu Herzen,
das sie zum Leben führt.

10 Der Befreier wird für die Leidenden zur Zuflucht,
zur Geborgenheit in unerträglichen Zeiten.

11 Vertrauen kann, wer Dir begegnet ist,
weil Du, die Ewige Liebe, immer da bist.

12Öffnet in euren Herzen euch für seine Gegenwart.
Zeigt allen, wie ihr ihn erfahren und gespürt habt.

13Er ist der Lebendige, der das Leben schenkt;
er weiß um jede Not, er ist immer da.

14Gib mir doch, was ich nötig habe, meine Helferin!
Ich leide so sehr, niemand mag mich, niemand ist
für mich da. Du kannst mich aus meinem Selbstmitleid,
aus meiner Todessehnsucht holen und mir neue Zuversicht
und neuen Lebensmut schenken.

15Dann können alle sehen, dass Deine Gegenwart
wahre Freude und Zuversicht schenkt.

16Wer den Lebensatem ausschließt, wird das Leben in Fülle
nicht bemerken, das um ihn pulsiert. Lebensfeindliche
Wünsche führen nicht in Deine befreiende Freiheit.

17Der Hauch der Ewigen Liebe wurde spürbar,
sie hat Leben gegeben, doch nicht alle wollten sich
auf dieses Risiko einlassen.

Verschnaufpause

18Jene, die auf Kosten anderer leben,
werden starr und unbeweglich bleiben,
alle, die nicht auf den Lebendigen vertrauen können.

19Diejenigen, die alles lassen mussten und nicht allein
auf ihre eigene Kraft zählen, sie werden die Beweglichkeit
der Freude und der Zuversicht schmecken.

20Warum kann nicht jede:r erkennen, dass es Dich gibt?
Der Mensch ist nicht das Allermächtigste.
Alle sollen Deine Ewigkeit verkosten.

21Zeig Dich allen, damit sie erkennen, was es heißt,
Mensch zu werden.

Psalm 10
An die Leitenden der Institution Kirche

1Du, die Ewige Liebe, wo bist Du,
warum darf ich Dich nicht mehr spüren?

2Jene, die nur auf sich selbst vertrauen, meinen,
sie wüssten alles, doch gleichzeitig schaden sie anderen.
Am liebsten würde ich denken, dass das Schlechte,
was sie anderen antun, ihnen selbst widerfahre.

3Sie dachten sicher, sie wüssten es besser,
sie waren unfrei, ihre Worte verletzten
und sie wendeten sich ab vom Lebendigen.

4Immer noch denken sie, sie seien besser,
weil sie nicht darauf vertrauen, dass Du, die Ewige,
bei mir bist und in Deiner Gegenwart alles Dunkle aufklart.
All ihr Denken beziehen sie nur auf sich selbst.

5Alles, was sie beginnen, gelingt.
Sie denken, dass Deine Gegenwart für sie nutzlos wäre.
Wer ihnen widerspricht, wird niedergemacht.

6Sie sind fest überzeugt, dass sie niemals scheitern können,
niemand könne sie aufhalten.

7Wenn sie zu sprechen beginnen, fluchen sie oder lügen
und verletzen, und wenn sie erst einmal ins Reden
gekommen sind, erklingt nur Klage und Verzweiflung.

8Sie warten nur auf eine Gelegenheit,
um jemandem zu schaden und ihn mundtot zu machen;
sie suchen sich immer die Schwächsten aus.

9Sie handeln vorsätzlich unerwartet;
sie warten darauf, zu manipulieren,
sie herrschen über andere und lassen sie nicht mehr frei.

10Sie geben sich als schwach und hilfsbedürftig,
doch ihre Macht erzeugt bei den Mitfühlenden
eine nahezu unwiderrufliche Bindung.

11Sie sind sich so sicher, dass die Ewige Liebe
ihr verstecktes Machtstreben nicht bemerkt
und dass sie bei den Schwachen nicht gegenwärtig ist.

12Du meine Kraft, zeig, wie Du bist,
vergiss die Verwundeten nicht.

13Wo bist Du, wenn jene, die nur auf sich selbst vertrauen,
Dich aus ihrem Herzen ausschließen?

14Du, ja, Du allein hast mein Leiden und meine Traurigkeit
bemerkt. Ich überlasse mich Dir ganz.
Die Schwachen und Einsamen schenken sich ganz Dir,
weil Du ihr Helfer wurdest.

15Lass nicht zu, dass jene, die nur auf sich vertrauen,
und jene, die sich von Dir abgewendet haben, weitermachen;
es muss ein Ende sein, sie dürfen niemandem mehr schaden.

16Die Ewige Liebe bleibt immer und ist die Einzige,
die dafür sorgt, dass Menschen das bekommen,
was sie nötig haben und das, was im Leiden helfen kann.
In seiner Gegenwart gibt es nur Klarheit,
alles andere löst sich auf.

17Du bemerkst die Sehnsucht der Leidenden,
Du, der Herzensgute, kannst ihr Herz beruhigen,
Du hörst jedes kleinste, traurige Seufzen.

18Den Einsamen und Bedrückten wendest Du Dich zu.
Niemand wird sich mehr angsteinflößend
oder machtgierig verhalten.

Psalm 11
Geborgenes Dasein

1Beim Lebendigen habe ich mich verkrochen.
Warum sagen alle:
Ihr seid frei, kommt an den sicheren Ort!?

2Jene, die nur auf sich selbst vertrauen,
planen im Verborgenen, die zu verletzen,
deren Herz voller Wärme ist.

3Wenn das Fundament brüchig wird,
wer kann da noch was tun?

4Die Ewige Liebe ist da, ihre Gegenwart ist überall erfahrbar.
Sie sieht jedes Unrecht;
ihr entgeht nicht, wenn Menschen leiden.

5Die Gegenwart des Lebendigen begrüßt jede:n.
Doch wer verletzt und anderen schadet,
meint, in göttlicher Gegenwart zu ersticken.

6In meinen Gedanken wünschte ich mir, die Ewige Liebe
würde eingreifen, wie ein Machthaber es tut,
sodass Naturgewalten die Mächtigen erschrecken.

7Aber ich weiß, der Lebendige gibt, was nötig ist,
und freut sich an denen, die es ihm gleichtun.
Sie werden in seinem Dasein immer sicher sein.

Psalm 12
Die Lebendige steht auf der Seite der Ohnmächtigen

1 *Alle sind auch ohnmächtig.*

2 Hilf, Lebendiger, ich kann nicht mehr.
Es sieht so aus, als wäre das Gute unsichtbar geworden.
Nur noch Leid ist zu sehen.

3 Ich weiß nicht mehr, wem ich vertrauen kann.
Alle Worte, die ich höre, scheinen unwahr,
jedes Mitleid scheint unecht.

4 Du, Ewige Liebe, sorge für Echtheit,
für Vertrauen und Einheit unter uns.

5 Sie vertrauen nicht darauf, dass es Dich gibt.
Sie denken, alle Macht gehöre ihnen.

6 Zeig Dich, tu was!
Die Schwachen sind hilflos,
die Ohnmächtigen können nur noch seufzen.
Endlich reagiert die Ewige Liebe und hilft allen,
die nicht weiterwissen.

7 Dem Lebendigen kann man vertrauen;
er tut, was er sagt, darauf ist Verlass!

8 Du, die Ewige Liebe, beschützt immer alle,

9 selbst dann, wenn jene, die nur
ihren eigenen Leuchtkegel sehen, anderes im Sinn haben
und jeder sich nur noch um sich selbst kümmert.

Psalm 13
Hoffnungsschwankungen

1 *Dies betrifft alle, auch wenn es meine Worte sind.*

2 Ich bin versunken in fremdem Morast, ich kann nicht mehr!
Siehst Du nicht, dass ich am Ende meiner Kräfte bin?
Du, die Ewige Liebe, warum spüre ich Dich nicht mehr?
Kein bergender Hauch weht mir zu.

3 Wie lange muss ich das noch aushalten? Wie lange noch
erstickt mich diese Traurigkeit, diese Verzweiflung,
die mich von morgens bis abends quält?
Wie lange noch muss ich mich nutzlos und ungeliebt fühlen?

4 Schau, sprich oder tu doch endlich was, irgendwas,
damit ich nicht länger traurig umherirren muss,
sondern von innen her strahlen kann
und endlich annehmen kann,
dass Du, meine Nähe-Schenkende, mich wirklich liebst.

5 Sonst muss ich kraftzerflossen am Boden liegen bleiben
und kann nicht anders, als mir einzubilden,
andere freuten sich über meine Ohnmacht.
Die Scheinstarken sinken erschreckt zusammen
vor dem Spiegelbild ihrer Schwäche.

6 Ich vertraue darauf, dass Du es wirklich gut
mit mir meinst und ich wieder lachen und fröhlich sein kann,
weil ich erfahren habe, dass Du doch da bist.
Ich erinnere mich wieder, ja, ich kann dankbar sein,
weil es stimmt:
Du liebst mich, Du willst, dass es mir gut geht.
In diesem Moment will ich nicht mehr daran zweifeln.

Psalm 14
Unerwartet ohne Dich

1 Siehe, sagen einige in ihrem geheimen Innern:
Gott ist nicht. Unübersehbar geben sie sich preis
ihrem täglichen Tun, ihrem Verhalten und Sein.
Gut sein möchten sie nicht.

2 Die Ewige Liebe sucht diejenigen, die nach ihr suchen,
die bereit sind, Lernende zu sein.

3 Die Verzweiflung lässt mich denken:
Alle sind gemein, egoistisch und hinterlistig.
Ich kann nicht eine einzige Person finden,
die anders wäre.

4 Sieht es niemand? Hört es niemand?
Alles scheint tot und erstarrt.
Niemand sucht mehr den Lebendigen.

5 Doch manchmal, unerwartet, kommt es anders.
Die Ewige ist dort zu finden, wo Menschen sich
um andere sorgen.

6 Seid ihr wirklich so und nicht anders?!
Die Schwachen zu schwächen und die Ohnmächtigen
zu missbrauchen?
Sind sie es doch, die zuhause sind
und geborgen im Lebendigen.

7 Wisst ihr, dass nur der Lebendige Heilung und
Veränderung schafft und am Ende einer Sackgasse
einen neuen Weg eröffnet?
Zärtlich umarmend schafft sie neue Perspektiven,
dann wird ein Lächeln euer Gesicht schmücken.

Psalm 15
Leben?!

1Du Ewige Liebe,
wer darf sich in Deiner unendlich zärtlichen Umarmung
wohlfühlen und sich geborgen wissen?

2Jene, die jeden Tag neu anfangen mit Dir
und in verzeihender Liebe Dich in den anderen suchen,
um sich dann mutig von Augenblick zu Augenblick
zu bewegen.

3Jene, die in jedem und jeder die Sonnenseite erspüren
und so in den Begegnungen mit dem Du ganz ich
sein können und gleichzeitig niemanden erdrücken,
um daneben größer auszusehen.

4Eine Stütze ist das Zusammensein mit Menschen,
die auch Gott suchen;
allein ist man doch viel zu schwankend im Vertrauen.
Dann kann man bleiben, egal, wie schwierig
und unaufhaltbar das Kommende scheint.

5Geben kann man nicht nur etwas,
man muss im Geben sich selbst schenken.
Verzeihung ist nicht mit Geld zu kaufen,
sie ist immer ein Freispruch füreinander.
All das soll uns auf dem Lebensweg helfen,
dass wir im Fallen Kraft haben aufzustehen,
dass wir im Verletztsein die Hoffnung auf Heilung
nicht verlieren und dass in der Verzweiflung
sich Hoffnung ankündigt.

Psalm 16
Knospende Sehnsucht

1 Behüte mich, meine Sehnsucht sucht eine Heimat,
denn bei Dir und in Dir ist mein Rückzugsort.

2 Zur Ewigen flüstere ich: Du bist mein Ein und Alles.
Du bist der Grund meines Lebens.

3 Mein Herz sehnt sich nach allem, was mich
an Dich erinnert, mein Innerstes strahlt vor Freude:

4 Wer nicht ahnt, woher er kommt, wohin sein Leben führt,
und in sinnlose Sinnlosigkeit verfällt, der findet vor
lauter Angst und Tränen keine Ruheoase.
Ich will mein Leben nicht mehr an Vergangenes binden,
ich will nicht mehr daran denken oder davon sprechen,
sonst zieht es mich in die dunkle Unterwelt
und ich tue das, was ich nicht will.

5 Meine Sehnsucht ist mein Ein und Alles.
Du willst mir nahe sein,
Du kennst den Grundriss meines Lebens.

6 Ich darf Erb:in der Liebe sein;
dieses Glück kann ich kaum erahnen.

7 Meine Sehnsucht erfüllt mein Leben mit Freude.
Sie ist meine wunderbare Ratgeberin, wenn ich nicht schlafen
kann; dann fühle ich ihre tröstende Nähe.

8 Ich bin erfüllt von meiner Sehnsucht,
jede Pore meines Körpers erahnt Dich,
darum kann ich in Deiner Liebe bleiben.

9 Die Freude in mir ist für alle sichtbar,
ich weiß mich geborgen, beschützt und befreit. →

10 Ich habe erahnt, dass selbst der Tod
mich nicht von Dir reißt.
Das Leben ist eine ewige Angelegenheit.
Die Treue, die ich heute suche, bleibt an meiner Seite.

11 In Deiner Gegenwart ist das Leben Freude in Fülle.
Du bist mein größtes Glück.

Psalm 17
Auf ein Wort, wenn ich mich ungerecht behandelt fühle

1Lebendiger, ich suche ein Herz zum Anlehnen!
Hör mir bitte zu, wenigstens Du.
Ich bin verzweifelt, traurig und am Ende meiner Kräfte.
Ich will Dir sagen, was ich fühle.

2In Deiner Gegenwart darf ich sein, darf alles sein.

3Du weißt, was ich denke, fühle, tue.
Besonders nachts, wenn ich nicht schlafen kann,
begegnen wir uns in meiner umherwälzenden Unruhe.
Ich will in der Wirklichkeit leben.

4Ohne Dich kann ich nicht sein.
Ich halte es nicht aus bei Menschen,
die als Lebensvernichter:innen umherziehen
und mich mit hinab ins Reich der Dunkelheit
ziehen möchten.

5Ich habe mich doch für Dich entschieden,
für die Hingabe und für das Leben in Fülle.

6Du allein bleibst mir. Allein Dir kann ich sagen,
was ich denke und fühle. Du allein verstehst mich.
Aber oft fühlt es sich so an, als würdest Du nicht antworten,
als bliebe alle Sorge im Schweigen versunken.

7Komm mir nahe mit Deiner Gegenwart, damit ich Deine
Antwort erahnen kann. Du veränderst doch immer alles,
wenn man sich Dir zuwendet voller Ohnmacht.

8Sei wie eine schützende Hülle um mich, die mich behütet.
Ich will in Deiner Gegenwart ein Versteck finden. →

9Es gibt jene, die mir zu nahe kommen;
setze Du die schützende Grenze, damit niemand
mich bedrängt und sich an mir vergreift.

10Ihr Innerstes ist kalt und hart; sie wissen nicht,
was es heißt, ein Herz für die Zerbrochenen zu haben.
Ihre verletzenden Worte donnern und poltern auf mich ein.

11Selbst in meinen Gedanken bekommen sie Raum.
Raum, der ihnen nicht zusteht, doch sie drängen hinein.

12Sie warten regelrecht darauf, die harte Gerechtigkeit
zu predigen,
die Fehler der anderen offen vor allen zu verurteilen.
Mit Macht und Richten rauben sie Leben.

13Tu was! Hilf!
Sei Du die unsichtbare Hülle, die mich schützt!
Allein bin ich verloren, ich werde wieder am Boden liegen
und sie werden stärker sein als ich.

14Befreie mich von diesen Lebensvernichter:innen.
Sie sollen erfahren, wie ihre Worte auch ihnen selbst
Lebenszeit rauben. Sie denken nur an die heutigen
Bedürfnisse. Sie bemerken nicht, wie ihr hartes
Sein andere niederdrückt, wie sehr sie Leben zerstören.

15Ich suche nach dem Leben, nach Dir!
Es ist ein ewiges Suchen,
doch einmal wird sich das Suchen in Schauen verwandeln.
Darauf hoffe ich!

Psalm 18
Staunenswert

1Mein Herz jubelt: Freiheit!

2Mein Herz schlägt höher bei Dir!
Verbunden mit Dir bin ich stark!

3Du, die Ewige Liebe, bist mein Fundament,
meine Geborgenheit, meine Befreiung, mein Leben,
mein Rückzugsort, mein Beschützer, mein Heilwerden.
Niemand kann in mein Inneres eindringen.

4Dem Lebendigen will ich tanzen und singen: Ich bin frei!

5Die Traurigkeit fesselte mich, das Tränenmeer hüllte mich ein.

6Die Sinnlosigkeit hielt mich fest, die Freude am Leben
war erstarrt.

7Ich weinte, schrie zu Dir mit meiner letzten Hoffnung, zu Dir,
der Ewigen Liebe. In Deiner geheimnisvollen
Verborgenheit begegneten wir uns.

8Alle Sicherheiten wankten und schwankten,
ich war ohne Halt. Aber ich spürte Dich.

9Deine Kraft und Stärke, Dein Sein wurde mir bewusst
für einen Augenblick, und ich schreckte zurück.

10Deine plötzliche Gegenwart berührte mich,
eingetaucht bin ich in Deine unbeschreibliche Zuneigung.

11Leise wie ein Windhauch, der sanft das Gesicht streift,
so berührte mich der Atem der liebenden Kraft.

12Ich erkannte: Wenn es dunkel in mir wird,
tauche ich ein in Deine verborgene Gegenwart,
einen Ort, wo nur die Ewige Liebe und ich
uns begegnen können, tief in mir, verborgen für andere. →

13Eingetaucht, bin ich überwältigt von der Begegnung,
die sich sofort löst und immer im Augenblick verbleibt.

14Jede Begegnung ist eine erschreckende Überraschung
im Hier. Was ich erspüre, kann ich nicht beschreiben.

15Doch jede liebevolle Zuwendung trifft mich
in meiner Herzenstiefe
und lichtvolle Wärme lässt das Feuer in mir lodern.

16Alles ist offenbar vor Dir, nichts ist verborgen
und nichts muss hinter Masken versteckt werden.
Verletzlich kann ich nur in Dir sein, und doch fürchte ich,
Du könntest mir wehtun, wie andere es taten.

17Aber dann halfst Du mir auf,
ich konnte wieder aufrecht stehen.
Dein Hauch belebt mich.

18Ich war frei.
Befreit von jenen, die mich bedrängten
und mich zu ihrem Besitz machten.

19Immer wieder versuchten sie, meine Verletzlichkeit
auszunutzen,
doch aufrecht stand ich vor Dir mit Deiner Hilfe.

20Befreit bin ich hinein in Deine Weite,
denn pure Liebe erweist Du mir.

21Der Gute tat mir gut, weil er mein Leiden sah,
er beschenkte mich, weil meine Hände das Leiden
losgelassen haben.

22Ich versuchte auf der Spur der Ewigen Liebe zu sein,
ohne zu meinen, mir mein Lebensrecht erkaufen zu müssen.

23 Ich erinnere mich an die Begegnungen
mit dem Lebendigen
und wehre mich nicht gegen seine liebende Geborgenheit.

24 In ihrer Gegenwart fehlt mir nichts.
Ich war achtsamer, wenn mich Lebensängste bedrohten.

25 Der Lebendige beschenkte mich, weil er mein Leiden sah.
Er beglückte mich, weil meine Hände leer waren vor ihm.

26 Du zeigst denen, die versuchen, beim ersten Kummer
nicht gleich wegzulaufen, Deine Treue;
denen, die versuchen, ehrlich und offenherzig zu sein,
zeigst Du Deine Klarheit und Dein weites Herz.

27 Du zeigst denen, die versuchen, ganz losgelöst zu sein,
Deine Fülle, doch jenen, die nur Schein-Helden sind,
spiegelst Du ihr Sein.

28 Ja, Du befreist alle, die leiden und zu Dir gehören,
doch denen, die nur von sich selbst überzeugt sind,
nimmst Du ihre falschen Bilder.

29 Du, mein Licht, lässt in mir das Feuer leuchten
und verwandelst alles Dunkle
zu aufblitzenden Sternschnuppen.

30 Mit Dir lösen sich meine scheinbaren Schutzmaßnahmen
auf, und ich kann mich aus meinen selbsterrichteten Mauern
befreien.

31 Lebendiger, Dein Weg führt ins Freisein.
Ewige Liebe, Dein Wort ist klar und kostbar.
Sie ist Beschützerin für alle, die nach Geborgenheit suchen.

32 Wer ist die Sehnsucht außer dem Lebendigen?
Wer ist das Fundament außer der Ewigen Liebe? →

33Der Lebendige hat mir Kraft gegeben durch seine
Herzensnähe und er machte mich heil auf meinem Weg.

34Leicht und befreit erklimme ich mit ihr jeden Berg.

35Mit ihm lernte ich zu bleiben und standhaft zu sein.
Ich lernte, mein Begrenztsein anzunehmen
und meine Grenzen zu schützen.

36Ich erfuhr: Ich bin bedingungslos geliebt,
da war ich beschützt, verborgen in einer schützenden Hülle.
Nichts kann mich vernichten,
Deine Zuneigung beschützt mich;
es genügt mir, zu wissen:
Ich bin angenommen.

37In Dir erfahre ich Weite und einen Raum, in dem ich
ich sein kann und aufrecht stehen darf.

38Jener, der mich bedrängte, er darf nicht so weitermachen;
aber meine Gedanken wiederholen es in Dauerschleife
und ich wünsche mir so sehr,
dass er sich so elend fühlt wie ich.

39Am liebsten würde ich laut schreien,
damit er vor dem Nichts stehen bleibt
und ich nicht die ewig Schwächere bleibe.

40Deine entgegenkommende Zärtlichkeit erfüllt
mich mit Kraft, und jener, der mir zu nahe kam,
er wird auf den Boden der Tatsachen sinken.

41Er flüchtete vor sich selbst und mit seiner
Möchtegern-Macht verbaut er sich den Weg ins Leben.

42Er schrie und weinte, aber er blieb allein;
die Nähe, die er suchte, entwich ihm,
sobald er sie zu spüren dachte.

43 Nichts bleibt vom ihm, er ist am Ende,
er versank in einsamer Sinnlosigkeit.

44 Du beschützt mich,
wenn andere ihre Macht missbrauchen.
In Deinen Augen bin ich groß,
geliebt und angenommen. Das genügt.

45 Es ist immer dasselbe: Fremde sehen meinen Wert,
der mir unbekannt scheint.

46 Weil Du mich geschaffen hast, wie ich bin,
können andere Weite und Freiheit erleben;
sie lassen ihre sie einmauernden Grenzen hinter sich.

47 Alles ist Dir, Ewige Liebe, zu verdanken!
Du bist mein Leben und mein Fundament!
Ich spürte meine Befreierin: Du bist mein Ein und Alles!

48 Wenn ich leide, sage ich meiner Seele: Er wird es tun!
Einmal wird der Lebendige mich frei machen.

49 Du befreitest mich aus der Abhängigkeit von Menschen.
Du zeigst mir, wie groß ich vor Dir bin.

50 Das ist der Grund, warum ich Dir danke, Ewige Liebe,
mitten in meinem Alltag.
In Deiner Gegenwart kann ich nur froh sein.

51 Er eilt den Geduldigen zu Hilfe;
sein Dasein zeigt er denen, die zu ihm gehören.
Er ist auf der Seite der Schwachen
und macht sie stark wie einst David,
und das ist bis heute so.

Psalm 19
Furchtlos glücklich

1

2Wenn ich meine Augen himmelwärts öffne,
sehe ich die ganze Geschichte
und erfahre, wie die Ewige Liebe ist.
Das ganze Himmelszelt säuselt vom Werden.

3Auch Licht und Dunkel, Tag und Nacht
erzählen mir die Geschichte Gottes.

4Nicht ein Wort gebrauchen sie,
ganz still und schweigend sind sie.

5Immer und überall wird die freudige Nachricht
zu hören sein und die Sonne wird alle erleuchten,
erwärmen und an den Lebendigen erinnern.

6Ihr Aufsteigen am Morgen bringt Freude über alles
Lebendige, und alles hat seinen Sinn.

7Sie ist in Bewegung von Ende zu Ende
und von Anfang zu Anfang,
niemand kann sich vor der Begegnung mit ihr verstecken.

8Die Idee der Ewigen ist einmalig und belebt den Menschen.
Auf die Zusage des Lebendigen ist Verlass; sie erfüllt alle,
die in ihrem Innern losgelöst sind.

9Wenn die Ewige Liebe Orientierung schenkt,
dann kann man beginnen zu vertrauen
und wird irgendwann
von ganzem Herzen Freude empfinden.
Das Entgegenkommen des Lebendigen ist echt
und es öffnet für neue Perspektiven.

10 Den Lebendigen zu suchen verwandelt zur Lebendigkeit.
Sich des Lebendigen bewusst zu sein ist immer wahr;
es zeigt behutsam das, was jede:r Einzelne nötig hat –
der Traum von einer gerechten Welt.

11 Dieses Bewusstsein ist das Wertvollste,
das man entdecken kann,
man kann nicht beschenkter sein.
Es ist köstlich, mehr kann man nicht genießen.

12 Auch ich, Dein:e Freund:in, will Deine Gegenwart suchen,
dann wird mir nichts fehlen.

13 Wer sieht mein verstecktes Dunkel?
Mach mich frei von dem, was ich niemandem zeigen kann.

14 Behüte mich vor Menschen, die meinen, sie seien stärker,
damit sie nicht ihre Macht an mir missbrauchen.
Dann bin ich ganz heil und befreit von Angst.

15 Denn was ich sage, soll Dich doch beglücken.
Du darfst meine geheimen Gedanken sehen.
Meine Ewige, meine Geborgenheit, mein Befreier.

Psalm 20
Fundamentvoll losgelöst

1

2Die Ewige Liebe antwortet dir, wenn du bedrängt wirst,
ihre Gegenwart schützt dich.

3Er sendet dir Hilfe durch sein Dasein; er stützt dich,
wenn du stolperst.

4Sie denkt an dein Losgelöstsein und freut sich mit dir,
wenn du loslassen kannst, was dich unfrei macht.

5Er schenke dir, wonach sich dein Herz sehnt,
und erfülle all deine undenkbaren Hoffnungen.

6Wir wollen uns freuen über ihre Hilfe
und im Namen der Ewigen Liebe fröhlich sein.
Sie erfülle alle deine Herzenswünsche.

7Nun habe ich es erfasst: Der Lebendige befreit alle,
die er liebt. Er antwortet, weil er so kraftvoll gegenwärtig ist,
wie du und ich hier sind.

8Die einen hoffen auf Schnelligkeit, die anderen setzen
auf Leistung, doch wir legen unser Fundament in die Gegen-
wart der Ewigen Liebe.

9Sie sind gescheitert und endlos hoffnungslos.
Doch wir leben, stehen auf und gehen weiter.

10Hilf uns doch, Lebendiger!
Die Ewige Liebe antwortet uns, wenn wir uns
an sie wenden.

Psalm 21
Gut sein lassen

1

2 Ewige Liebe, an Dir freuen sich Deine Hoffnungsträger,
über Deine Hilfe sind sie außer sich.

3 Du hast ihnen ihren Herzenswunsch erfüllt,
Du konntest ihnen nicht abschlagen,
wonach sie sich sehnten.

4 Dein Entgegenkommen bringt unbeschreibliches
Lebensglück und Du machst jede:n groß in Deinem Blick.

5 Sie sehnten sich nach echtem Leben
und Du machtest sie lebendig,
viele Jahre und auf immer und ewig.

6 Durch Deine befreiende Lebenskraft können sie Mensch sein.
Du machst sie wunderschön in Deinen Augen.

7 Sie können manches einfach gut sein lassen.
Du schenkst ihnen Freude und Zufriedenheit
in Deiner Gegenwart.

8 Jene, die Dich lieben, vertrauen der Ewigen Liebe
durch und durch, und sie werden bleiben können,
weil der Lebendige da ist und niemals aufgibt.

9 Du kennst alle, die sich gegen die Liebe entscheiden
und sich abwenden von Dir.

10 Sie können Deine Gegenwart nicht aushalten,
sie vergehen dabei.
Sie werden klein und können nicht mehr vor Dir fliehen. →

11 Auch alle, die zu ihnen gehören
und dieselben Unwege einschlagen,
können nicht bleiben.

12 Ihr scheinbarer Masterplan des Unheils endet nun;
sie haben keine Möglichkeit, ihn umzusetzen.

13 Du lässt sie nicht ruhen bei Dir,
sie müssen voll Unruhe umherirren.

14 Zeig Dich doch!
Zeig, dass Du stark und voller Kraft bist.
Dann wird meine Freude aus meinem geheimen Innern
hervortanzen.

Psalm 22
Allein und verlassen. Es gibt keinen Gott. Gerettet – weil ich es nicht selber kann

1 *Suchend auf das Neue hoffend.*

2 Meine Ewige Liebe, mein Leben, warum hast Du mich
alleingelassen, warum bin ich immer noch so weit weg davon,
heil zu sein, warum muss ich so laut schreien,
bis ich nicht mehr kann?

3 Meine Ewige Liebe, ich rufe, wenn es hell ist,
und höre nichts von Dir, und auch dann, wenn die Dunkelheit
über mich hereinbricht, komm ich nicht zur Ruhe.

4 Du bist ganz anders, als ich es mir ausdenken kann;
egal, wie viel wir Dich bejubeln, Du bist selbst die Freiheit.

5 Alle, die bisher waren, haben Dir vertraut,
und Du warst mit ihnen und hast ihr Heilsein bewirkt.

6 Sie schrien zu Dir und Du hast sie frei gemacht,
Dir haben sie vertraut und wurden nicht enttäuscht.

7 Aber wer bin ich? Niemand.
Andere lachen über mich und missbrauchen ihre Macht
an mir.

8 Wer mich sieht, lacht und lästert über mich
und glaubt gemeinen Gerüchten.

9 Wenn es einen Gott gibt, dann soll er doch für dich leiden!
Der soll dir helfen
und dich aus dieser Finsternis herausziehen.

10 Du allein hast mir das Leben geschenkt
und Du schaffst mir Freiraum, damit ich wachsen kann.

11 Von Anfang an gehöre ich zur Dir, Ewige Liebe. →

12Bleib bei mir, denn ich sehe die Bedrohung genau vor mir
und ich habe niemanden, der mir so nah sein kann wie Du.

13Ich fühle mich umringt von Menschen, die mich bedrohen,
und ich bin gefangen gehalten von denen,
die stärker sind als ich.

14Ich entkomme ihrer Macht und Gewalt nicht,
ich soll vernichtet werden, zerrissen und zerteilt.

15Ich weiß nicht mehr, wer ich bin,
alles scheint mir zu entgleiten, mein Herz ist kraftlos
und Weinen ist mein einziger Lebenspuls. Der Ort des
Lebens in mir kennt nur noch eines: Tod und Trauer.

16Meine Kraft ist verschwunden und ich kann nicht mehr.

17Die Gefahr drückt mich in die Ecke, ich kann nicht mehr
flüchten. Egal wohin ich mich wende: Kein Ausweg ist in
Sicht. Ich stehe in der Sackgasse meines Lebens. Sie haben
mich vernichtet und mich unwiderruflich festgenagelt.

18Entblößt liege ich im Staub der Erde;
alle sehen mein Verletztsein, alle sehen mein Schwachsein
und freuen sich daran.

19Sie spielen um mein Gewand, meine Identität,
meinen Schutz, mein Leben, und ich muss zusehen.

20Du meine Ewige Liebe, wo bist Du nur, wenn ich leide?
Du mein Leben, komm!

21Beschütze mich vor dem Todesstoß und der Macht
der Lebensvernichter:innen; mein Leben ist das Einzige,
was mir noch unversehrt blieb.

22Befreie mich vor dem, der mich gebraucht hat und nicht
genug davon bekam, der mir mit jedem Mal mehr und mehr
Schmerzen zufügt. Wahrhaftig – Du hast gehandelt!

23Nun kann ich wieder fröhlich sein und anderen von
Deinem Dasein erzählen. Ich kann zusammen mit anderen
wieder einstimmen in Deinen Lobpreis.

24Ihr, die ihr den Lebendigen sucht, dankt ihm. Ihr, die ihr seid
und die ihr kommen werdet – jubelt ihm und lasst euch von
seiner Gegenwart berühren; ihr seid mit dem Lebendigen.

25Jede:r darf zu ihr kommen, niemand ist für sie zu unbe-
deutend. Egal wie ich schrie oder weinte – ich durfte bei ihr
sein, ich war ihr nicht lästig. Sie war die Einzige, die blieb
und die mich herausgerissen hat aus allem Drückenden.

26Ich danke Dir aus ganzem Herzen.
Alle, die Dich suchen wie ich, sollen es hören:
Ich gebe Dir alles, was ich habe, auch mich selbst.

27Jene, die keine Wahl im Leben haben, sollen frei sein
und das Leben genießen;
die Dich suchen, sollen ihr Amen vor Dir singen.
Sie sollen glücklich sein bis in die ewige Ewigkeit hinein.

28Alle sollen in den Spiegel ihres unverletzlichen Kerns
schauen, von allen Enden sollen sie zum Lebendigen kommen
und sich selbst in ihm erkennen.
Sie müssen nicht länger ängstlich vor ihm flüchten.

29Die Ewige Liebe ist erfinderisch, sie sorgt sich um jede:n.

30Jene, die Macht und Verantwortung haben, sind klein
vor ihm; eines Tages, wenn ihr irdisches Dasein erfüllt ist,
werden alle Menschen dem Lebendigen so begegnen,
wie es der Liebe entspricht.

31Dann werden auch in Zukunft Menschen der Liebe folgen
und man wird den Nachfolgenden von Gott erzählen.

32Selbst die heute Unbekannten werden erfahren,
wie Gott ist, wie treu sie ist.

Psalm 23
Die zärtlich Sorgende

1 Die Ewige Liebe sorgt sich um mich
und bringt meine Sehnsucht nach Hause.

2 Bei ihm ist alles, was ich brauche,
und ich darf mich ausruhen und mich fallen lassen,
darf sein, wie ich geschaffen bin.

3 Sie ist meine Kraftquelle, die mich belebt.
Wohin ich auch gehe – sie ist bei mir, denn sie weiß,
was ich nötig habe, und ich ahne: Sie ist ewig Treue.

4 Wenn alles um mich herum dunkel erscheint
und ich keinen Ausweg mehr finde,
bleibe ich voll Zuversicht, dass sich alles wandeln wird.
Du bist einfach da.
Ich bin getröstet in Deiner Gegenwart, weil Du mich
aus mir selbst herauslockst und ich gleichzeitig erfahre,
bedingungslos geliebt und angenommen zu sein.

5 Ich kann übergroße Freude erleben,
auch wenn mein Leben vom Leid durchzogen ist.
Deine Zärtlichkeit hast Du über mir ausgegossen,
sodass auch der letzte Tropfen Deiner Liebe
mein Innerstes erfüllte.
Da wusste ich, dass bei Dir allein die Fülle zu finden ist.

6 Ja, es ist so; umarmt von Deiner Gegenwart,
zärtlich liebkost, erfahre ich, dass ich leben kann
und dass dieses Leben mich mit Sinn erfüllt,
weil meine Seele in Dir eine schützende Heimat gefunden hat,
weil ich nie von Deiner Liebe getrennt bin.

Psalm 24
Zuhause im Herzensraum

1 Gott ist da in allem, was da ist.

2 So lebendig das Wasser ist,
so gibt es für alles einen Grund.

3 Wer darf in seiner Nähe sein?
Wer darf ihm begegnen?

4 Alle, die das Unrecht hassen,
die erkennen, dass sie nicht ganz heil sind,
die immer wieder bereit sind, neu zu lieben
und die Wahrheit zu suchen.

5 Dann ist Begegnung möglich.
Der Lebendige hört und sagt zu Dir:
Du bist bedingungslos geliebt.

6 So sind Suchende,
sie dürfen Deine Nähe genießen.

7 Öffnet euren Herzensraum,
denn die Ewige Liebe ist erfinderisch.

8 Wer ist die Ewige Liebe?
Es ist der Lebendige, stark und beschützend, unbesiegbar!

9 Öffnet weit euren Herzensraum, ihr Beschenkten,
die Ewige Liebe will darin wohnen.

10 Wer ist die Ewige Liebe?
Wer ist der Lebendige – so unfassbar einzigartig?
Er ist die kreativste Künstlerin aller Zeiten
und der ewigen Ewigkeit.

Psalm 25
Am Herzschlag des Vertrauens

1 Ich strecke mein ganzes Sein nach Dir aus.

2 Lass es nicht so weit kommen,
dass ich mich wie ein Nichts fühlen muss.
Nicht, dass er wieder als der Stärkere gewinnt.

3 Es wird niemand, der auf Dich hofft, im Nichts enden.
Oder etwa doch?
So wird sich nur jemand fühlen,
der – mir nichts, dir nichts – aufhört, Dir zu vertrauen.

4 Zeige mir den Weg, der zum Leben führt,
und erklär mir Deine unwegsamen Trampelpfade.

5 Begleite mich, damit ich lernen kann, Dir zu vertrauen,
denn bei Dir allein kann ich heil werden.
Ich hoffe unablässig auf Dich.

6 Erinnere Dich doch, wie Du eigentlich bist,
mit welcher bergenden Liebe Du mich umgeben hast
und wie Du gewirkt hast;
so war es seit dem ewigen Anfang.

7 Denke doch nicht mehr an meine verantwortungslosen
Dummheiten und meine unbewusst verursachten
Verletzungen. Vergiss mich nicht, schau auf mich mit
Deinem Herzschlag, der im Rhythmus des Gutseins schlägt.

8 Du bist gut. Tu, was jetzt not-wendend ist!
Begleite die, welche ihre Macht missbrauchen,
auf einen Weg der Verantwortung.

9 Jene, die im Leben keine Wahl haben,
begleitet er zu neuen Lebensmöglichkeiten und zeigt,
wie sie ihr Leben gestalten können.

[10]Jeder noch so unscheinbare Weg der Ewigen Liebe
entspricht ihrem Herzschlag des Vertrauens für jene,
die immer wieder die Verbindung zu ihr suchen
und sich an die gemeinsamen Erlebnisse erinnern.

[11]In Deinem Namen ent-schuldige Du mich,
ich ertrage es nicht länger.

[12]Wer kann wirklich Deinen Herzschlag spüren?
Sie begleitet alle hin zur Ent-Scheidung,
damit sie wirklich sie selbst sein können.

[13]Dann wirst du den Sinn deines Lebens für immer finden
und die Künftigen werden es in ihrer Erinnerung
lebendig halten.

[14]Die Idee des Lebendigen zeigt sich denen,
die nach ihm suchen. Die lebendige Beziehung zu ihm
schließt meine abgeriegelte Sichtweise auf.

[15]Mein Blick sehnt sich nach der Ewigen Liebe,
denn sie befreit mich
aus meinem Gefangensein im Vergangenen.

[16]Sei Du mir Zuwendung und Güte,
ich fühle mich so unerträglich einsam und verlassen.

[17]Ängste haben mein Herz zersprengt.
Das Bedrängtsein zerreißt mich in mir.
Ich fühle mich schmutzig und schäme mich.

[18]Siehst Du überhaupt, wie ich leide
und gar keine Wahl mehr habe? Ent-schuldige mich,
ich kann das nicht länger aushalten.

[19]Ich habe solche Angst.
Siehst Du, wie andere mich in Gefahr bringen,
mich hassen, mich vernichten wollen?

→

20 Beschütze mich und mach mich heil,
lass mich nicht zugrunde gehen,
denn bei Dir fühle ich mich geborgen.

21 Beschütze mich, damit ich in Beziehung leben kann
und echt sein kann, denn ich hoffe auf Dich.

22 Lebendiger, befreie, die zu Dir gehören, aus allen Nöten!

Psalm 26
Wo Du bist, da bin ich gern

1Verschaff mir Recht, Allmächtiger!
Ich ging meinen Weg ohne falsche Absicht. Der Ewigen Liebe vertraute ich, ich darf nicht für immer zweifeln.

2Suche mich bis in den hintersten Winkel,
schau aus nach meiner Lebenskraft.

3Beweise mir, dass Du treu bist in Deiner Zuneigung zu mir.
Ich ging in Deiner Wirklichkeit meinen Weg.

4Ich will denen nicht vertrauen, die in Illusionen schwelgten
und ihre eigene Realität als die Deine verkauften.

5Ich kann es dort nicht aushalten, wo Unrecht geschieht
und die Ewige Liebe abgelehnt wird.

6Ent-schuldige mich, damit ich mich an Dir festmachen kann
und nicht an Falschem kleben bleibe.
Wenn ich an Dich erinnert werde, will ich es genießen.

7Ich will allen sagen, dass es Dich gibt, und davon sprechen,
wie Du Verletzungen wandelst.

8Wo Du bist, da bin ich gern, wo etwas von Dir aufleuchtet.

9Lass mich nicht zugrunde gehen gemeinsam mit denen,
die nichts von Dir wissen wollen, und mit denen,
die anderen das Leben schwer machen; aber lass mich leben.

10Ihre Hände meinen alles ungefragt berühren zu müssen.
Ihre Macht demonstrieren sie,
wenn sie andere zum Schweigen bringen.

11Ich gehe meinen Weg ohne falsche Absichten.
Sei meine Freiheit und Güte.

12Ich stehe auf, stehe fest. Allen will ich die Ewige Liebe zeigen.

Psalm 27
Göttliches Leben

1Die Ewige Liebe macht alles hell und heilt mich:
Wer kann mir schaden?
Der Lebendige ist meine lebendige Zuflucht:
Wer sollte mich bedrängen können?

2Wer sich mir näherte, um mich zu benutzen,
wer mich bedrängte oder mir etwas Böses wollte,
konnte nicht für immer siegen.

3Auch wenn die Gefahr bedrohlich mächtig wirkt:
Innerlich bleibe ich stark. Wenn man über mich herfällt,
hoffe ich weiter.

4Eines ersehnte ich und bitte von ganzem Herzen:
Bleib immer in mir mit Deiner Gegenwart,
damit ich lebendig sein kann.
Ich wünsche mir, zu erleben, dass Du mir Freund bist,
und ich möchte einfach nur sein, wie ich bin bei Dir.

5Sie versteckt mich in ihrem Zelt,
wenn ich allein bin und nicht weiterweiß;
da bin ich in Sicherheit geborgen und beschützt.
Sie macht mich groß, wenn alles mich zu erdrücken scheint,
und zeigt mir, sie ist stärker als jeder schwere Fels.

6Nun kann ich meinen Kopf wieder heben
und denen in die Augen blicken, die mir wehgetan haben
und mich in die Enge treiben wollen.
Jetzt kann ich mich ganz Dir schenken in Deiner Gegenwart.

7Meine Ewige Liebe, höre meine Stimme,
wenn ich zu Dir um Hilfe schreie,
schenke mir Geborgenheit in Deinem leisen Antworten.

8In meinem Innersten erinnere ich mich an Dich:
Sucht meine Gegenwart.
Deine lebendige Gegenwart will ich suchen.

9Versteck Dich nicht vor mir;
lass jene, die Dich sucht, nicht allein,
auch wenn ich anders handle, als Du es Dir gedacht hast.
Du hast mir schon mal geholfen.
Verlass mich nicht, stoß mich nicht weg,
Du, der mir Heilung schenkt.

10Wenn ich auch alle Heimat und Geborgenheit verliere,
der Lebendige nimmt mich
in seiner bergenden Gegenwart auf.

11Ewige Liebe, gib mir Orientierung,
zeig mir Deinen Weg, geh mir voran,
wo ich es nicht schaffe hinzugehen,
damit die, die mir schaden wollen, sehen,
dass Du bei mir bist.

12Lass nicht zu, dass ich allein bin bei jenen,
die etwas gegen mich haben,
sonst ertrinke ich in dem tobenden Lügenmeer.

13Ich hoffe in Gewissheit,
dass ich Dein Gutsein erfahren werde,
damit ich wieder lebendig bin.

14Hoffe in und mit dem Herrn,
dann bist du getröstet und erfüllt von Mut.
Bleib in der Hoffnung verwurzelt!

Psalm 28
Hilf mir in meiner vernichtenden Angst – Danke, dass Du da bist

1 Ich wende mich zu Dir, bei Dir allein finde ich noch Halt.
Kehre Dich nicht schweigend von mir ab.
Würdest Du jetzt stumm bleiben,
dann könnte ich gleich sterben, dann wäre alles egal.

2 Hör doch mein ohrenbetäubendes Schreien,
wenn ich mich nach Deiner Gegenwart ausstrecke.

3 Lass mich nicht zugrunde gehen.
Die Lebensvernichter:innen tun nur so,
als ob sie friedlich mit anderen leben wollten.

4 Schaff Gerechtigkeit, Du allein kannst das!
Sorge für das Recht! Lass uns erkennen, was leben lässt.

5 Ihnen scheint alles egal zu sein,
sie kommen nicht auf die Idee,
ihr Handeln in Frage zu stellen.
Sie können nicht anders, als zugrunde zu gehen.

6 Singt dem Lebendigen!
Die Ewige Liebe hat mich herausgezogen!

7 Der Lebendige ist meine Kraft und mein Beschützer;
weil ich ihm vertraute, konnte ich Hilfe finden.
Mein Herz springt vor Freude
und ich kann nicht anders, als zu jubeln.

8 Der Lebendige ist unsere Kraft. Er beschützt und heilt alle,
die ihre Arme öffnen für seine Liebe.

9 Hilf denen, die Dich suchen, und jenen,
die in Zukunft suchen werden. Sorge für sie und hilf ihnen
ihre Last zu tragen bis in die ewige Ewigkeit.

Psalm 29
Die Stimme der Ewigen Liebe ist stark

1 Alles, was zur Ewigen Liebe gehört,
kündet von seiner Gegenwart und Kraft.

2 Zeigt ihr, dass ihr sie liebt.
Gebt euch so, wie ihr seid, denn sie ist die Befreierin.

3 Ihr Wort ist vom Anfang aller Anfänge da gewesen.
Du bist Gott und sonst niemand, Dein Wort ist lebendig,
so begegnest Du mir.

4 Das Wort des Lebendigen ist voller Kraft,
die Stimme der Ewigen Liebe macht dich stark.

5 Das Wort des Lebendigen ist voller Kraft;
sie befreit auch jene,
die meinen, stärker als alle anderen zu sein;
auch sie werden angerührt und verwandelt.

6 Alles, was unverrückbar scheint, bringt sie in Bewegung.
Alle scheinbar unüberwindlichen Grenzen öffnet sie.

7 Das Wort des Lebendigen macht lebendig,
was vor Angst erstarrt ist.

8 Sein Wort lässt die Stummgewordenen reden,
sein Wort bringt Befreiung.

9 Das Wort der Ewigen Liebe schenkt ein neues Leben.
Vor ihr wird alles offenbar und licht.
Bei ihr zuhause hört man nur eines: Es ist gut, dass du bist!

10 Der Lebendige schenkt Leben. Er war, er ist und er bleibt
der Anfang aller Anfänge und das Ende aller Enden.

11 Die Ewige Liebe gebe allen Kraft, Sicherheit und Frieden,
denn aus ihr strömt alles Leben.

Psalm 30
Die ganz Andere

1 *Loslassen …*

2 Du, die Ewige Liebe, bist größer als alles andere.
Du hast mir einen neuen Blick geschenkt,
und ich konnte wieder stehen.

3 Du, mein Leben, auf Dich habe ich alles geworfen
und Du hast meine Wunden heil gemacht.

4 Du, der Erlöser, hast mich stehend gemacht,
hast mir zugeflüstert: Lebe!
Du hast es geschafft, dass ich nicht aufgebe.

5 Zeigt der Freude eures Lebens, wie ihr seid,
ihr, die ihr zur Freude gehört.
Dankt ihr, jetzt, wo alles anders ist.
Dankt ihr, dass sie die ganz Andere ist.

6 Wir meinen immer, er würde wie ein Mensch antworten,
und denken, dass wir es gar nicht verdient haben,
dass er so gut zu uns ist.

7 Als es mir gut ging, war ich mir sicher,
dass ich niemals am Leben verzweifeln würde.

8 Lebendige, weil Du nur gut sein kannst,
anders kann ich es mir nicht erklären,
hast Du mir alles gezeigt.
Ich konnte Dich nicht mehr erkennen,
weil ich in meinem Leid gefangen war.
Ich fühlte mich so allein, mutlos und verlassen.

9 An Dich, meinen Freund, will ich mich wenden.
Ich hoffe fest, dass Du mir schenkst,
was ich zum Leben brauche.

10 Welchen Sinn hat mein Leben noch,
wenn ich nur noch daran denken kann,
dass ich besser nicht mehr wäre?
Etwas hält mich: anderen zu zeigen, dass Du da bist.

11 Meine letzte Hoffnung, hör mich;
schenke mir, was ich brauche, hilf mir!

12 Jetzt kann und muss ich tanzen.
Ich spüre neue Kraft, alle Traurigkeit ist verflogen,

13 damit man erzählt, wie Du bist,
und nicht mehr schweigt vor lauter Traurigkeit.
Lebendige, mein Ein und Alles,
immer und überall will ich sagen: Danke!

Psalm 31
Wofür?

1

2 Ewige Liebe, bei Dir fühle ich mich geborgen.
Nimm mir nicht meine letzte Hoffnung;
befreie mich, denn nur bei Dir finde ich mein Recht.

3 Hör mich, bitte, ich kann nicht mehr, tu was – schnell!!
Sei mein Beschützer, den niemand besiegen kann.
Sei mein bergendes Zuhause, in dem ich ich sein darf.

4 Ja, wirklich, bei Dir fühle ich mich sicher und behütet.
Mit Dir zusammen geht es immer weiter,
jeder Weg wird sinnvoll werden.

5 Wenn andere meinen, ich scheitere, dann stärkst Du
mir den Rücken. In Deinen Armen bin ich sicher.

6 Ich kann nicht mehr vor Dir wegrennen.
Ich will Dir allein vertrauen,
glauben, dass Du es gut mit mir meinst,
mich loslassen und mich Dir überlassen.
Du hast mich frei gemacht, Du bist da.

7 Ich bin untröstlich, wenn andere Dich ablehnen,
denn ich kann nicht anders,
als Dir mein Vertrauen zu schenken.

8 Ich singe in meinem Herzen, ich singe es hinaus:
Ich bin geliebt von Dir, Du bist mein Ein und Alles,
Du tust alles für mich.
Du hast gesehen, dass ich am Ende meiner Kräfte war,
Du kanntest meine verborgenen Ängste.

9 Ich muss nicht allein kämpfen, Du bist an meiner Seite.
Ich kann wieder frische Hoffnung atmen.

[10]Und gleich habe ich das Gefühl, wieder zu ersticken.
Mein Herz pocht in mir. Ich kann nicht mehr.
In meiner Schwäche sinke ich zu Boden.

[11]Alles war umsonst. Jeder Kampfschritt vergebens.
Meine Stärke hat sich in Luft aufgelöst.
Ich kann nicht mehr vor Dir stehen.

[12]Jener, der mich bedrängte, meint gesiegt zu haben.
Niemand will noch etwas mit mir zu tun haben.
Einsam schreit mein Schmerz in mir auf.
Ich kann niemandem in die Augen blicken.

[13]Ich lebe, doch ich fühle mich wie tot.
Meine Kraft scheint weggeworfen wie ein zerbrochenes Glas.

[14]Gerüchte und Tuscheln gehen mir voraus,
man redet über mich, obwohl ich dabeistehe.
Man will mich aus dem Weg räumen.

[15]Mein Hoffnungsfunke ist noch nicht erloschen.
In Deiner Geborgenheit kann ich Dir zuflüstern:
Ich vertraue Dir!

[16]Wenn ich bin, bist Du mit mir. Befreie mich!
Hol mich heraus aus dem Kerker. Ich drohe zu ersticken!

[17]Lass mich Deine Gegenwart spüren,
hauch mir Deinen Hoffnungsfunken zu.

[18]Lass nicht zu, Ewige Liebe,
dass meine Hoffnungswege zur Sackgasse werden.
Mein Bedränger soll
in die schweigende Dunkelheit eintauchen.

[19]Ich kann das Unrecht nicht länger ertragen,
der Zweifel zerfrisst mein Sein.
Die Starken dürfen nicht für immer stark bleiben. →

20Am Ende wird die Ewige Liebe meine Grenzen befrieden
und mein zerbrochenes Sein wieder aufbauen.

21Eingehüllt in Deine liebende Gegenwart
kann ich nicht in Hoffnungslosigkeit versinken.

22Ich bin bei Dir an einem sicheren Ort.
Du bist unbeschreiblich.
Nichts kann ich mit Dir vergleichen. Du bist da!

23In meinem Schmerz schrie ich im schalldichten Raum.
Ich schrie meine Einsamkeit hinaus.
Aber Du saßest an meiner Seite.

24Seid Liebende in der Gegenwart der Ewigen Liebe.
Geborgenheit wird dich umhüllen und dich beschützen.

25Seid froh und fröhlich, nichts soll euch noch beschweren.
Seid federleicht – eure Seele schnuppert Freiheitslüfte.

Psalm 32
Befreiungsklänge

1Glücklich jene,
die im Spiel des Lebens gestürzt sind
und denen aufgeholfen wird,
die sich von Gott wegwenden
und denen vergeben wird.

2Glücklich jene,
deren Schwäche vom Lebendigen einkalkuliert wird,
die in ihrem Innern
keine geschickten Täuschungen brauchen.

3In der Zeit, als ich alles für mich behielt,
starb etwas in mir ab
und jeder Tag war einem Seufzer gleich,

4weil eine untragbare Last auf mir lag.
Meine ganze Kraft hat sich in Luft aufgelöst,
wie im Sommer die Dürre allem die Kraft entzieht.

Verschnaufpause

5Ich habe meine Hilflosigkeit annehmen können
und habe meine Schwäche nicht länger versteckt.
Ich sagte: Ich will der Ewigen Liebe erzählen,
wo meine Grenzen überschritten wurden.
Du hattest Mitleid,
als ich mich von Dir weggewendet habe.

Verschnaufpause

6Also kann jeder, der Dich sucht,
Dich im richtigen Moment bestürmen.
Wenn große Wassermassen dich bedrohen,
werden sie dich nicht mitreißen. →

7Du bist für mich wie ein lebendiger Baum.
Du bist bei mir im größten Leid;
ich bin geborgen in den Klängen, die von Befreiung singen.

8Ich werde dich den Weg nicht allein gehen lassen,
sondern erkläre dir alles.
Ich zeige dir, wie es gehen kann.
Ich will dir Ratgeberin sein.
Ich habe dich im Blick.
Ich sehe, wie du leidest.

9Lasst euch nicht vor jeden Karren spannen,
damit man mit euch nicht machen kann, was man will.
Manipuliert und missbraucht
werdet ihr nur völlig durcheinander sein.

10Großes Leid erfahren jene,
welche Gott den Rücken zuwenden,
aber jene, welche dem Lebendigen vertrauen,
werden geborgen sein.
Denn Gott zeigt ihnen, dass er es immer gut mit ihnen meint
und ihnen entgegenkommt.

11Ihr, die ihr die Ewige Liebe kennenlernen wollt,
freut euch ohne Grenzen.
Versteckt eure Freude nicht, ihr alle,
die ihr das Herz an der richtigen Stelle habt.

Psalm 35
Seelenraub

1Ewige Liebe, hilf mir gegen meinen Angreifer.
Hilf mir, denn er verdreht jedes Wort in meinem Mund.

2Ich weiß, dass Du stärker bist als er.
Nur die Macht Deiner Liebe kann siegen.

3Der Bedränger lässt nicht ab von mir. Triff ihn mit
seinen eigenen Worten. Ohne Dich bin ich verloren.

4Er soll hineinfallen in meine dunkelste Nacht.
Er soll leiden wie ich.
Er soll spüren die Wunde meiner Seele.
Jede einzelne Zerrissenheit soll er genauso erleben.

5Wirble ihn durcheinander, dass er nicht mehr weiß,
wo oben und unten ist.
Er soll niemandem mehr schaden können.

6Er soll vergessen, dass es Licht und Freude gibt.
Er soll in seinem eigenen Schmutz ausrutschen.

7Er hatte kein Recht dazu.
Er hat mir meine Seele geraubt. Er hatte kein Recht dazu.

8Er soll die gleiche Angst spüren, die ich jede Nacht fühle.
Er soll erfahren, was er mit mir gemacht hat.

9Einmal, ich bin mir ganz sicher, wird meine Seele
wieder Freude empfinden können. Die Ewige Liebe
hat mir einen Hoffnungsfunken ins Herz gelegt.

10Ich finde keine Worte, aber meine Seele beginnt zu tanzen.
Lebendiger, Du bist unvergleichbar. Nur Du kannst
die Schwachen aus der Gewalt der Starken bringen
und den Verzweifelten neue Hoffnung schenken. →

11 Man glaubte mir nicht.
Woher soll ich Beweise nehmen?

12 Ich begann über das Unrecht zu sprechen,
doch es brachte mir nur Unglück.
Ich bin gefangen in Angst und Verzweiflung.

13 Ich wollte nicht mehr sein.
Ich wollte aufgeben.
Ich wollte meinen Schmerz ungeschehen machen.

14 Mein Lebensvernichter tat mir immer noch leid.
Immer noch wollte ich ihn schützen.
Er war mir wichtiger als ich mir selbst.

15 Als ich nicht mehr weiterkonnte und verzweifelt
in der Ecke lag, feierte er schon seinen Sieg.
Ein Schlag, ein Schlag und noch ein Schlag
machten meine Seele taub.
Ich war hoffnungslos ungetröstet.

16 Verletzt taumelte ich schwach bleibend umher.
Er hatte immer noch ein Ass im Ärmel.

17 Lebendiger, freust Du Dich an meinem Leid?
Schreite ein, tu was!
Was bleibt mir noch, außer dass mein Herz schlägt?

18 Ich kann nicht anders, als auf Dich zu hoffen.

19 Jener, der immer noch seine Unschuld bekundet,
soll nicht siegen.
Mein Bedränger soll aufhören
mit seinen Machtdemonstrationen.

20 Er hält weiter am Unrecht fest; er will, dass ich schweige.

21 Er will, dass ich widerrufe.
Er will, dass ich bis in die Ewigkeit hinein weiterleide.

22 Die Ewige Liebe ist meine einzige Zeugin.
Du kannst nicht länger im Nichtstun ausruhen.
Zeig Dich doch endlich.

23 In welchen Hoffnungsträumen schlummerst Du?
Wach endlich auf!
Das Unrecht darf nicht länger Unrecht bleiben.
Kämpf an meiner Seite!

24 Meine einzige Sehnsucht heißt Gerechtigkeit.
Er darf nicht siegen, mein Bedränger.

25 Er darf niemals siegen.
Er darf nicht weitermachen wie vorher.

26 Wer sich darüber freut, dass Unrecht regiert,
soll einmal Bekanntschaft machen
mit der Dunkelheit der Nacht.
Wer meint, er wüsste genau, was passiert sei,
soll den Schmerz mit mir fühlen.

27 Wer an Gerechtigkeit glaubt,
dessen Herz soll vor Freude hüpfen.
Sie hat mir das Lied der Befreiung vorgesummt.

28 Wenn Gerechtigkeit nicht mehr nur ein Traum ist,
erzähle ich allen von Deiner siegreichen Stärke.

Psalm 36
Zwischen Obst und Gemüse

1

2 Das Unrecht spricht zum Übeltäter:
Der Bedränger vertraut nicht auf eine Ewige Liebe.

3 Er nutzt jede Gelegenheit,
damit das Unrecht zu einem Berg heranwächst.

4 Alles, was er sagt, meint das Gegenteil.
Er packt zu, wenn ihn sein Bedürfnis dazu anstiftet.

5 Er beschmutzte mich mit seinem Schmutz
und hat vergessen, dass der Weg zu Dir führen soll
und nicht zu ihm.

6 Deine Liebe ist grenzenlos.
Du bist immer da, ich kann Dein Dasein nicht begreifen.

7 Auch wenn niemand mehr an Gerechtigkeit glauben mag:
Sie löst sich ja nicht einfach in Luft auf.
Dein Raum des Heils kann meine Herzenswunde berühren.
Jede:r ist einmalig wichtig für Dich.

8 Ewige Liebe, wenn Du mein Herz berührst,
wird es wieder lebendig. In Deiner Gegenwart
kommt meine aufgescheuchte Seele zur Ruhe.

9 Ewige Liebe, ich genieße Dein Dasein.
Lebendiger, in Dir bekommt mein Leben wieder Sinn.

10 Von Dir strömt mir das Leben entgegen
und Dein Licht heilt meine Herzensnarben.

11 Wer Dir Freund ist, soll niemals aufhören zu hoffen,
dass am Ende Liebe und Gerechtigkeit siegen.

12Der Übeltäter darf mich nicht mehr in den Dreck treten,
die Angst vor ihm
darf mir nicht mehr das Lebensrecht rauben.

13Mein Bedränger
ist in seinem eigenen Misthaufen stecken geblieben,
dort soll er zwischen Obst und Gemüse verrotten.

Psalm 37
Angelehnt ans Herz der Ewigen Liebe

1Sorge dich nicht um den,
der dir den Willen gebrochen hat.

2Auch er wird einmal in tiefe Nacht hineinsinken.

3Vertrau mir!
Hör niemals auf zu lieben, versteck dich nicht vor mir.

4Deine Seele soll niemals denken:
Darf ich mich noch ans Herz der Ewigen Liebe anlehnen?
Sie vergisst niemals, was dir getan wurde.

5Überlass dich der Ewigen Liebe, vertrau ihr.

6Gerechtigkeit und Recht sollen sich verwirklichen,
sie sollen nicht ein ferner Traum bleiben.

7Im schweigenden Lauschen taucht der Lebendige auf.
Bleib nicht in deiner traurigen Wut stecken,
wenn nicht passiert, was du dir erhoffst.

8Lass los!
Du hast nicht die Verantwortung!
Du musst nicht alles selber tun.

9Einmal wird alles anders:
Die Möchtegern-Mächtigen verlieren sich selbst
und die Ohnmächtigen erfahren, wer sie sind.

10Wenn dieser Traum Wirklichkeit wird,
erstrahlt das Schwarz-weiß-Denken zu einem Regenbogen.

Psalm 38
Kurz vor der Totalvernichtung

1

2Bestrafst Du mich für seine Schuld?

3Alles ist gegen mich. Du auch?

4Wahrscheinlich bin ich wirklich selber schuld.
Ich bin verwundet, doch niemand sieht es.
Wäre ich bloß still gewesen,
dann wäre mir vieles erspart geblieben.

5Die Sache ist so groß für mich, ich habe mich überschätzt.
Das Leben erdrückt mich.

6Ich war einfach unachtsam.
Jetzt gibt es keinen Weg mehr zurück.

7Mein Schmerz drückt mich zu Boden.
Traurigkeit frisst den letzten Rest meiner Seele auf.

8Der Schmerz brennt meinen letzten Hoffnungsfunken aus.
Das Leiden macht mich kaputt.

9Meine Kraft von einst ist verflogen,
sie ist mir davongewandert.
In meiner Seele brach ein ohrenbetäubendes Schweigen aus.

10Vor Dir brauche ich meine zerstörte Seele
nicht zu verstecken.
Selbst mein Seufzen verrät Dir, was ich jetzt brauche.

11Mein Herzschlag ist das einzige,
das mich ans Leben erinnert.
Kraftlos schleppe ich mich durch den Tag.
Ich bin zu müde, meine Augen zu öffnen. →

12 Niemand erträgt die Worte,
die den Schmerz beschreiben wollen.

13 Ich glaube Dir, ich sei frei,
doch der Ausweg aus einer Abhängigkeit
gleicht einem gut ausgetüftelten Irrgarten.
Sie hört nicht plötzlich auf. Es ist ein harter Kampf.

14 Wenn andere mir sagten, es sei ungerecht,
glaubte ich ihnen nicht.
Ich konnte nicht sprechen über das, was mir passiert ist.

15 Ich wollte es nicht hören.
Ich konnte mich nicht wehren.

16 Lebendiger, der kleine Hoffnungsfunke in mir
ist nie gestorben.
Ewige Liebe, Du hast immer in mir geliebt.

17 Mir bleibt unerklärlich, wer sich über bleibendes Unrecht
freut und Übeltäter straflos davonziehen lässt.

18 Ich bin kurz vor der Totalvernichtung,
ich weiß nicht, wie es ist, ohne Schmerzen zu leben.

19 Einmal muss ich es sein lassen, mir selbst die Schuld
zu geben für meine ängstliche Erstarrung, zu bleiben.

20 Warum hat er immer noch Kraft?
Warum hat er immer noch Macht?
Wem soll ich vertrauen?

21 Viele der Schein-Helden können nur einen Schritt
mitgehen. Dann müssen sie mich loslassen.

22 Nur Du, Ewige Liebe, verlass mich niemals.

23 Lebendiger, komm so schnell Du kannst.
Nur in Deiner Gegenwart wird meine Seele heil.

Psalm 41
Unglücksdauerschleife

1

2 Wer mit einer Entrechteten für das Recht kämpft,
wird der Gerechtigkeit begegnen
und viele Spötter:innen anziehen.

3 Die Freude wird so tief sein,
als hätte man um das eigene Recht gekämpft.
Unser Herz wird im Glück baden
und wir werden selbst stark sein.

4 Nichts hält uns auf der Couch der Bequemlichkeit.

5 Ewige Liebe, sorg Dich um mein Herz.
Es schmerzt so sehr.

6 Noch immer will mich mein Übeltäter vernichten.
Er gibt keine Ruhe, solange ich lebe.

7 Ich kann niemandem mehr vertrauen.
Wer meint es noch ehrlich mit mir?
Am Ende bin ich nur ein Aktenzeichen.
Es geht um die Geschichte, nicht um mich.

8 Niemand glaubt mir. Wer bin ich noch?
Warum sollte man mir glauben?

9 Ich bin in einer Unglücksdauerschleife gefangen.

10 Ich habe vergessen, was Freundschaft ist.
Ich habe niemanden, dem ich vertrauen kann.

11 Lebendiger, Du allein bleibst an meiner Seite.
Gib mir die Kraft,
damit nicht der Möchtegern-Mächtige siegt.

→

12 Lebendiger, sein Sieg wäre meine Vernichtung.

13 Ewige Liebe, Du allein kennst mich und meine Geschichte.
Nur in Deiner Gegenwart kann mein Herz lächeln.

14 Lebendiger, Du bist da.
Ewige Liebe, Du liebst mich in die Ewigkeit hinein.
Lass es immer so sein.

Psalm 42
Wirf deinen Anker aus

1

2 Meine Seele zieht zu Dir,
ich kann sie kaum zurückhalten.

3 Wie nach einem Tagesmarsch in sengender Hitze,
so sucht meine Seele nur Dich allein.
Wann birgt mich Deine Gegenwart?

4 Ich würde gern weinen, doch ich kann nicht.
Niemand versteht, warum ich noch hoffen kann.

5 Nur bei Dir kann ich ich sein.
Wenn ich an Dich denke, schlägt mein Herz höher.
Nichts kann mich von Dir abhalten. Du bist mein Leben.

6 Warum bin ich gleichzeitig so traurig?
Warum schreit meine Seele voller Schmerz?
Seele, wirf deinen Anker aus in die Tiefe
des Hoffnungsmeeres.

7 Der Schmerz frisst mich auf.
Vielleicht war früher doch alles besser,
vielleicht war nicht alles so schlimm.
Ich will zurück ins Früher.

8 Draußen auf hoher See werfen mich
die Wellen der Verzweiflung hin und her.
Ich drohe unterzugehen, ich habe keinen Halt mehr.
Ich schnappe nach Lebensatem.

9 Die Ewige Liebe verlässt mich nicht.
Der Lebendige taucht mich ein in den glühenden
Hoffnungsfunken, der mich ans Leben erinnert. →

10 Ewige Liebe, meine Seele lehnt sich an Deinem Herzen an.
Kennst Du mich nicht mehr?
Willst Du mir nicht mehr helfen?
Interessiert es Dich nicht,
dass mein Unterdrücker einfach so weitermacht?

11 Ich fühle mich tot; doch mein Leib wandelt umher.
Warum darf mein Bedränger
weiter in mein Herz hineinritzen?

12 Warum bin ich gleichzeitig so traurig?
Warum schreit meine Seele voller Schmerz?
Seele, wirf deinen Anker aus
in die Tiefe des Hoffnungsmeeres.

Psalm 43
Zu Fall

1Beseitige das Unrecht. Gib mir mein Recht zurück.
Sei Du meine Anwältin, verteidige mich.
Lass die Lügen, die verbreitet werden, zu Fall kommen.

2Nur in Deiner Gegenwart kann ich mich verstecken.
Wo hast Du Dich verborgen?
Warum darf mein Peiniger immer weitermachen?

3Nur in Deinem Licht sehe ich noch Zukunft.
Nur Du kannst mir die Tür
zum Raum des Heils aufschließen.
Wo ist meine aufgescheuchte Seele zuhause?

4Ich will sein, wo Du bist.
Nun in Dir kann meine Seele aufatmen
und der Freude entgegenhoffen.
Ich weiß, auf Dich ist Verlass.

5Warum bin ich gleichzeitig so traurig?
Warum schreit meine Seele voller Schmerz?
Seele, wirf deinen Anker aus
in die Tiefe des Hoffnungsmeeres.

Psalm 44
Rechtlos?

1

2Ich vertraue darauf, dass es wahr ist.
Ich halte nicht allein an Dir fest.
Schon so viele haben vor mir gehofft.

3Der brutale Lebensvernichter ist fort.
Er hat kein Recht, zu besitzen, was ihm nicht gehört.

4Ich will alles selber machen und scheitere an mir selbst,
bis ich erkenne,
dass nur Deine Kraft Unmögliches möglich macht.

5Lebendiger, Du hast mir meine Würde zurückgeschenkt.

6Nur mit Deiner Kraft wird mein Bedränger entmachtet,
nur mit Deiner Stärke kann er mich nicht besiegen.

7Meine Fähigkeiten retten mich nicht,
meine Erfahrungen können mich nicht heilen.

8Nein, nur Du allein hast wirklich die Taten meines
Bedrängers beendet und Du hast ihn aufgehalten,
noch mehr Unheil anzurichten.

9Ich werde niemals vergessen, wie Du bist.

10Im nächsten Moment fühle ich mich allein und verlassen.

11Dann erdrückt mich mein Bedränger wieder
mit seiner Macht.

12Dann scheint es,
als müsste ich ganz allein kämpfen für das Recht.

13Bin ich sein Eigentum geworden,
weil er Dein Botschafter ist?

14Wer soll mir da noch glauben?

15Mein Reden war sinnlos,
ich hätte lieber schweigen sollen.

16Die fremde Schuld macht mich krank.

17Ich habe Angst, dass alles umsonst war.

18Trotz des furchtbaren Leids habe ich nicht aufgehört,
an die Liebe des Lebendigen zu glauben.

19Ich habe nicht aufgehört, darauf zu vertrauen,
dass das Leben sich lohnt.
Ich habe nicht aufgehört, zu versuchen zu lieben.

20Doch mein verletztes Herz
zieht es in die dunkelste Dunkelheit hinein.

21Was wäre gewesen,
wenn ich Dich auf dem Weg verloren hätte?

22Hättest Du mich gesucht?

23Ich weiß nicht, wie ich die nächsten Tage überleben soll.

24Bist Du, Lebendiger, eingeschlafen?
Wach auf von Deinem Dämmerschlaf.

25Ist Dir egal, dass ich leide?

26Kraftlos sinke ich in den Schmutz meines Bedrängers.

27Nur, wenn Du Dich von Deinem Dämmerschlaf erhebst,
kann ich wieder aufstehen.

Psalm 51
Frisch durchatmet

1

2

3 Ewige Liebe, nimm mich in Deine zärtlichen Arme zurück.
Du, die Liebende und Treue, bring mich wieder in Deine Nähe.
Du bist mir fremd geworden.
Lass mich wieder sehen, wie Du bist!

4 Mach mich wieder frei,
damit ich mein Menschsein wieder klar vor Augen habe;
hilf, dass ich ich sein kann
und meine Ängste nicht mein Leben bestimmen.

5 Ich wollte nicht verzweifeln!
Jetzt im Nachhinein erkenne ich,
was anders hätte sein können.
Ich kann an nichts anderes denken als an das, was war.

6 Im abgründigen Grunde habe ich mich von Dir entfernt,
obwohl ich wissen müsste, was der Weg der Liebe ist.
Meine innere Stimme hat mich bereits verurteilt,
doch Du, Ewige Liebe,
willst mich mit Deinem Dasein aufrichten.

7 Ich denke: Ja, es war nie anders!
Oft drehe und wende ich mich in meinem eigenen Schmerz,
aber einmal werde ich dem Leid enthüpfen.

8 Doch in meinen tiefsten Tiefen,
ja dort, wo niemand hineinsehen darf,
da sehne ich mich nach dem Zusammensein mit Dir –
für immer in meinem verletzten Herzen liegt mein Spürsinn,
weil Du dort wohnst.

9Zeig mir, wie ich Mensch werden kann,
um aus Liebe zu anderen zu handeln.
Dann werde ich klar unterscheiden
und das Risiko der Liebe eingehen können.

10Hilf mir, dass ich wieder Begeisterung und Freude
spüren kann, die für alle sichtbar ist.
Dann werde ich tanzend der Verwandlung entgegengehen.

11Ich flehe Dich an, schau nicht mehr zurück zu meinem
Möchtegern-Ich und nimm die Last von meinen Schultern,
die mich niederdrückt.

12Mach, dass mein Innerstes nur auf Dich ausgerichtet ist.
Mach neu den Ort, den Du in mir bewohnst.

13Vergiss mein nicht, gib mir Platz in Deiner Gegenwart,
entziehe mir nicht den Hoffnungsatem,
der mich durchatmet.

14Schenke mir Freude an Deiner heilenden Kraft,
bestärke mich mit lebendigem Mut,
etwas Neues anzupacken.

15Ich will denen, die sich verloren haben, zeigen,
dass Du zu finden bist.
Alle, die nicht wissen, wer sie selbst sind,
werden zu suchen beginnen.

16Du, die ewige Heilung, befreie mich,
wenn ich zerstörerisch unterwegs bin.
Dann kann ich nur jauchzen, weil Du die Einzige bist,
die weiß, was ich nötig habe zum Leben.

Psalm 52
Verwurzelt entwurzelt – unverfügbar gut

[1]*An den Bedränger:*

2

[3]Warum glaubst du so gut von dir,
selbst wenn alles nicht gut aussieht?

[4]Meinst du, du bist wirklich so unschlagbar?
Der Lebendige bleibt immer unverfügbar gut.

[5]Du bleibst so oft im Lebensvernichtenden verhaftet.
Jedes Wort trifft mich im Innern, deine Worte zerfetzen mich.

[6]Bei dir hat das Schlechte mehr Gewicht als das Gute –
zu lügen liegt dir näher, als echt zu sein.

[7]Du liebst es, das Schlechte herbeizurufen.
Du lügst, wenn du zu sprechen beginnst.

[8]Du wirst scheitern müssen, du wirst nicht mehr so weiter-
machen können; die Ewige Liebe wird dir den Ort nehmen,
wo du wohnst; er wird dir alles nehmen, worin du verwurzelt
warst; nirgends wirst du mehr beruhigt sein können.

[9]Wer die Ewige Liebe sucht, sieht die Untaten und ist
erstarrt vor Schreck; es ist nicht zu fassen: Alle, die nicht
in der Ewigen Liebe ihren Lebenssinn erspüren, sondern
auf Macht und Geld setzen, schlagen Wurzeln im Unheil.

[10]Ich selbst fühle mich nun wie ein Baum, der frische Knospen
trägt. Ich lebe in der Gegenwart Gottes. Ich vertraue mich dem
Gutsein der Ewigen Liebe an, und das soll niemals anders sein.

[11]Ich will niemals aufhören, gut über Dich zu reden.
Weil Du alles für mich getan hast,
werde ich – in Deinem Namen beheimatet – hoffen.

Psalm 53
Die Möchtegern-Mächtigen

1

2Der Bedränger sagt zu sich selbst:
Gott ist ein lächerliches Gedankenkonstrukt.
Das Böse beherrscht die Welt.
Warum sollte ich Gutes tun, wenn alle nur verletzen?

3Der Lebendige ist weit weg: Wie soll er sehen, was ich tue?
Wer nach der Ewigen Liebe fragt,
kann nur ein Mensch sein, der sich abhängig machen will.

4Warum sollte ich anders sein als alle anderen?
Niemand kann stärker sein als ich.

5Der Lebendige denkt:
Wer Unrecht tut, merkt es doch sowieso nicht mehr.
Meine innere Stimme in euch wurde von euch abgeschafft.
Die Möchtegern-Mächtigen tun so, als wären sie Gott.
Niemand interessiert sich für mich.

6Den Bedränger trifft Furcht und Angst,
obwohl er sich doch so mächtig fühlt.
Eines Tages wird die Ewige Liebe
deinem Bedränger so schaden, dass er das, was er tat,
nie mehr tun kann, nie mehr.
Der Lebendige steht auf deiner Seite.
Du bist nicht allein, die Ewige Liebe ist mit dir.

7Wer bringt Heilung für die im Innern Zerrissenen?
Einmal wird dein Herz gesund.
Dann überströmt die Freude dein Innerstes.
Alle zusammen beginnen zu tanzen,
Freude wird überall sichtbar.

Psalm 54
Verspielt

1

2

3 Ewige Liebe, zeig, dass Du da bist, hilf mir!
Du siehst doch, dass mir Unrecht getan wurde!
Wer soll mir helfen, wenn Du mir nicht helfen kannst?

4 Du bist meine letzte Hoffnung. Lebendiger, hörst Du mich?
Verschließ Deine Augen nicht vor dem Unrecht,
das mir widerfahren ist.

5 Der, dem ich vertraute, wurde mir fremd.
Ich kann mir nicht vorstellen, dass er Dich kennt.
Setz mein Leben nicht aufs Spiel für seine Bedürfnisse.

6 Du aber, Ewige Liebe, Du kannst nur lieben.
Ohne Dich kann ich nicht leben. Du bist die Einzige,
die auf meiner Seite kämpft und mich versteht.

7 Meinen tiefsten Herzenswunsch traue ich mich niemandem
zu sagen außer Dir: Mein Bedränger soll einmal fühlen,
wie es mir geht. Ich kann nicht mehr hören, welche Lügen
er verbreitet. Du bist meine einzige Hoffnung.
Nur mit Dir kann ich wieder leben.

8 Du kennst meine Sehnsucht.
Du weißt, dass ich Dir heute versprechen würde,
alles zu geben.
Wenn ich an Dich denke, dann ist mein Herz beruhigt.
Es ist nicht das erste Mal, dass Du für mich kämpfst.

9 Du hast mich wieder stark gemacht. Mein Bedränger
beherrscht mich nicht länger. Obwohl ich mittendrin
im Chaos bin, spüre ich schon Deine siegende Stärke.

Psalm 55
Ist Freundschaft eine Lüge?

1

2Gott, wo bist Du? Warum lässt Du mich allein?
Interessiert es Dich überhaupt nicht, wie es mir geht?

3Ich kann nicht mehr.
Sag Du mir, wie es weitergehen soll.
Die Last meines Leids drückt mich in den Sand am Meer.
Ich werde von den Wellen hin und her geworfen.

4Warum soll ich weiterleben?
Jener, der von allen gemocht wird, bedrängt mich.
Sein eigener Schmerz lässt ihn denken,
dass andere für ihn leiden müssen.
Sein Verlangen macht ihn zum wildgewordenen Tier.

5Wie soll ich mich wehren, wie soll ich Nein sagen?
Wenn ich so tue, als wäre ich nicht da,
werde ich dann überleben?

6In seiner Gegenwart erstarrt mein Leib.
Ich denke: Wenn ich mich nicht wehre,
wird es nicht so schlimm werden.

7Meine Gedanken fliegen davon. Weit weg.
Sie suchen Zuflucht bei Dir. Ich bete.

8Ich habe ihm vertraut, dass es nicht mehr passiert.
Hätte ich auf mein Herz gehört,
wäre ich nicht schon wieder unter ihm gefangen.

9Am liebsten würde ich ihn wegstoßen und wegrennen.
Egal wohin. Bloß weg.
Irgendwohin, wo es Frieden gibt.
Wo ich sicher bin. →

10 Der, der mir wehtat, soll sich selbst nicht mehr verstehen.
Er kann gar nicht anders,
als anderen zu schaden, um zu atmen.

11 Das Böse hat ihn so gefangen genommen,
dass er es weder bei Tag noch bei Nacht abschütteln kann.
Er interessiert sich nicht für die Grenzen anderer.
Er meint, ihm gehöre alles.
Selbst vor dem innersten Kern des Menschen
macht er nicht halt.

12 Der innerste Kern ist ihm unterworfen.
Wie auf dem Marktplatz nimmt er sich, was er sieht.
In seinen Händen ist meine Seele gefangen.

13 Ich hätte mich verteidigen können,
hätte er mich von Beginn an bedroht.
Hätte er mir von Anfang an sein wahres Gesicht gezeigt,
hätte er mir seine Gewalt offenbart,
hätte ich mich sofort aus der Abhängigkeit gelöst.

14 Aber es war alles anders.
Du gabst mir vor, mein Freund zu sein.
Immer wieder, immer wieder dieses Wort der Freundschaft.
Ich habe dir mein Vertrauen geschenkt.
Und du hast mich missbraucht.

15 Sprachwitz hat uns verbunden.
Im Gebet standen wir Seite an Seite
vor dem gemeinsamen Gott.

16 Dir soll alles genommen werden,
damit du niemandem mehr schaden kannst.
Du sollst wissen, wie es sich anfühlt:
zu leben, sich aber wie tot zu fühlen.
Du wirst es nie verstehen.
Nie verstehen, wie schädlich du sein kannst.

17 Ich schreie zur Ewigen Liebe: Heile mich!

18 Es vergeht nicht eine Sekunde am Tag,
da mich die Ewige Liebe nicht sucht.
Meist bleibt aber nur ein leiser, tiefer Seufzer.
Aber sie weiß um mich.

19 Der Lebendige will mich verlebendigen.
Seine Option ist nur Leben.
Egal, wie furchterregend mein Bedränger ist.
Irgendwann werden viele verstehen, wovon ich spreche.

20 Ohne Liebe ist nichts, was geworden ist.
Gott Dreieiner, zeige meinem Bedränger,
dass er Unrecht getan hat, damit er sieht, wie Du bist.

21 Er hat sich selbst verraten.
Er wollte sich selbst zu Gott machen.

22 Seine Worte haben mich gut von ihm denken lassen.
Im Innersten seines Herzens wurde er
von seinen Bedürfnissen hin und her getrieben.
Seine Worte waren mitreißend.
Gleichzeitig waren sie mein Schachmatt.

23 Mein Herz sagt mir:
Alles, was dich niederdrückt,
kannst du der Ewigen Liebe geben.
Sie liebt dich über alles. Sie ist da für dich.
Sie lässt dich nicht allein.
Denn du vertraust ihr.

24 Einmal wird er auf dem Boden der Tatsachen aufschlagen.
Wenn Unrecht an einem Menschen klebt,
auch wenn er es nicht bemerkt,
kann er nicht mehr froh werden.
Lebendiger, ich vertraue Dir wieder.

Psalm 56
Wäre-hätte-Psalm

1

2 Bleib an meiner Seite, Lebendiger,
denn mein Bedränger gibt immer noch keine Ruhe.
Allzeit gebärdet er sich vor mir
als der Stärkere.

3 Immer scheint er mir einen Schritt voraus zu sein,
immer meint er die besseren Verteidiger zu haben.
Immer noch meint er, nichts Falsches gemacht zu haben.
In seinen Augen lüge ich.

4 Ich zitterte vor Angst am ganzen Körper.
Nur wenn ich darauf vertraue, dass Du da bist,
kann sich mein Leib beruhigen.

5 Ewige Liebe, nur in Deinem Wort kann ich wohnen.
Dieses Zuhause ist mir sicher,
so unbefestigt es auch sein mag.
Dann wird mein Atem ruhig
und ich kann die Augen schließen.
Eigentlich ist er so weit weg.
Kann er mir noch immer wehtun?

6 Was ich auch sage, es wird mir zum Nachteil gemacht.
Ohne Beweise bin ich nichts.
Unrecht erklärt er zu Recht und niemand leistet Widerstand.

7 Er will den Spieß umdrehen.
Ich soll für immer schweigen.

8 Belohnst Du jetzt Deinen Möchtegern-Diener auch noch?
Warum muss ich allein leiden?

9Ich weiß, dass kein Funke meines Leids Dir unbekannt bleibt.
Manchmal sitzt der Schmerz tief,
sodass ich ganze Seen füllen könnte mit meinen Tränen.
Ein anderes Mal schreit es in mir,
doch nicht eine einzige Träne verlässt mein Gesicht.

10Habe ich Dir zu wenig vertraut?
Ich will Dir vertrauen.
Du sollst stärker sein als sie.
Nie mehr will ich zweifeln, ob Du mich verlassen könntest.

11Lebendiger, dann wurdest Du lebendig.
Ewige Liebe, Dein Wort ist nur Liebe;
wenn ich Dir vertraue,
kann ich nicht gleichzeitig verängstigt sein.

12Hätte ich Deine ewige Liebe erfahren,
wenn er mir das nicht angetan hätte?

13Deine Liebe: unbeschreiblich.

14Viele Fragen dringen ein
in das ohrenbetäubende Schweigen.
Ein Blick Aug' in Aug' verwandelt mich,
und es bleibt das Jetzt.

Psalm 57
Wildgeworden

1

2 Lass mich in Dir geborgen sein, Lebendiger, in Dir!
In Dir suche ich Schutz und in Deiner Gegenwart Geborgenheit,
solange mein Schmerz andauert.

3 Ich schreie meinen Schmerz zu Dir hinaus.
Du kennst alles, Du tust alles für mich.

4 Lass mich Heilung erfahren,
auch wenn Du so weit weg zu sein scheinst.
Lass mich Liebe erfahren
und lass die Wahrheit ans Licht kommen.

5 Ich habe Angst vor denen, die mein Leben bedrohen,
die wie wildgewordene Tiere ihre Bedürfnisse an mir ausleben;
wenn sie etwas sagen, werden Wörter umgedeutet.
Alles, was sie sagen, tut mir weh.

6 Wo bist Du, Ewige Liebe?
Wie soll ich etwas von Dir erfahren, wenn Du immer weg bist,
obwohl ich Dich gerade am dringendsten brauche?

7 Sie wollen sehen, dass ich falle und scheitere,
sie nutzen all ihre Macht dazu.
Aber das, was sie mir wünschen,
wird ihnen selbst widerfahren.
Sie können nicht mehr aufstehen.

8 Mein Innerstes, ja mein Innerstes ist ganz bei Dir.
Danke, dass Du da bist.

9 Wach auf, lass alles gut werden.
Wach auf vom Schlaf und nimm Deine Kraft;
der neue Tag bricht an, etwas Neues kann beginnen.

10Vielleicht kann ich Dir eines Tages danken
und überall vor Freude tanzen,
weil mir das Glück meines Lebens geschenkt ist.

11Deine Liebe ist größer als alles Leid.
Deine Wirklichkeit übersteigt alle Vorstellung.

12Lebendiger, zeig Dich!
Damit Deine Gegenwart für mich erfahrbar wird.

Psalm 58
Seifenblase

1

2Es geschieht Unrecht, aber niemand leistet Widerstand.
Damit bringt man die Bedrängten zum Schweigen.
Dann ist das Recht für die Stärkeren da.

3Selten kann man das Unrecht beweisen.
Gewalt ist die Sprache, die ihr sprecht.

4Ich kann nicht verstehen, wie man so übergriffig sein kann.
Wird man mit der Zeit zu einem solchen Menschen?
Wird man durch andere Menschen gewaltsam?

5Nein, die Gewalt der Manipulation ist nicht sichtbar.
Sie zerstört langsam. Gleich einem Betäubungsmittel
breitet sie sich schleichend im ganzen Leib aus.

6Der Bedränger lockt die Seele mit Freundschaft,
Liebe und Leben.

7Ewige Liebe, zeig ihm, dass Liebe keine Macht ausübt.
Was bleibt, ist Deine Liebe.

8Lebendiger, lass sein Luftschloss der Macht
wie eine Seifenblase zerspringen.
Stiehl ihm das letzte Fünkchen Hoffnung
aus seinem Köcher.

9Nichts und niemand soll sich an ihn erinnern.
So, als hätte es ihn nie gegeben.
Doch in meinen Erinnerungen stirbt er nie.

10Es wird der Tag kommen, an dem er vergessen haben wird,
was Kraft ist. Lebendiger, dann wird Dein Zorn Dir Mut
zum Handeln geben.

11 Ewige Liebe, darf ich mich freuen
über die Schwäche meines Bedrängers?
Darf ich glücklich sein darüber,
dass sein Lebenswerk über ihm zusammenstürzt?

12 Alle werden dann verstehen:
Die Ewige Liebe steht auf der Seite der Schwachen.
Sie allein wird für Gerechtigkeit sorgen.

Psalm 59
Mein ängstliches Zittern rüttelt an Dir

1Mach, dass ich loskomme von meinem Bedränger,
beschütze mich, dass er mir nichts mehr antun kann.

2Mach, dass mir das Unrecht nichts mehr antun kann.
Seine Macht über mich zerstört mein Leben.

3Du weißt, dass alles ganz genau durchdacht war.
Seine Macht macht mich klein.
Seine Bedürftigkeit lädt er auf mir ab.

4Seine Schuld wird meine Schuld,
weil er keine Verantwortung übernimmt.
Alles scheint ein Spiel zu sein.
Lebendiger, muss mein ängstliches Zittern
Dich wachrütteln? Wo bist Du nur?

5Ewige Liebe, nichts ist stärker als die Liebe.
Du warst doch schon immer ein Gott,
der für die Schwachen kämpft.
Träumst Du mit mir noch von einer besseren Welt?
Komm heim zu mir, zeige den Stärkeren Deine Liebe.

6Immer und immer wieder dasselbe und in die Schwärze
der Nacht hineingedrängt, in die engste Enge meiner Angst.

7Wie ein Tier nach seiner Beute jagt, so sind Worte.
Sie sagen Freundschaft und meinen Feindschaft.

8Vergessen ist, dass es einen Gott gibt.

9Lebendiger, niemand ist stärker als Du.
Niemand ist ein Beschützer wie Du.

10Ewige Liebe, an Deinem Herzen darf ich ausruhen
und zusehen, wie mein Bedränger auf die Knie sinkt.

11 Er soll leiden wie ich, nicht sich das Leben nehmen.
Er soll nachts sinken in das Meer der Verzweiflung;
er schnappt nach Luft, so zieht ihn die Verzweiflung
bis auf den Meeresgrund.
Umgib mich wie eine Mauer, die niemand einrennen kann.

12 Dein Möchtegern-Diener, der sich Dir geschenkt hat,
kennt Dich nicht mehr. Er wird nicht durch mich,
sondern durch sich selbst zu Fall kommen.
Er tritt hinein in die selbsterrichtete Falle.

13 Tu etwas, dass er mir nicht mehr schaden kann.
Tu etwas! Vielleicht erinnert er sich dann an Dich,
vielleicht erkennt er, was er getan hat.

14 Immer und immer wieder dasselbe und in die Schwärze
der Nacht hineingedrängt, in die engste Enge meiner Angst.

15 Wird es einmal aufhören?
Werde ich einmal in Ruhe schlafen können?

16 Wahrscheinlich wird er nie verstehen,
wahrscheinlich wird er nie damit aufhören.

17 Ewige Liebe, nichts und niemand ist stärker als Du.
Am Morgen flüchtet sich mein unruhiges Herz zu Dir
und beruhigt sich.

18 Lebendiger, bei Dir finde ich den Sinn des Lebens.
Die Freude tanzt in mein Leben hinein.

Psalm 60
Wen interessiert's?

1

2

3 Lebendiger, ich bin allein.
Wo einst eine beschützende Mauer war,
bleibt nur noch hoffnungslose Asche zurück.
Komm!

4 Wie nach einem Erdbeben –
nichts ist, wie es vorher war.
Heile mein wundes Herz,
damit es nicht vor Schmerz zerbricht.

5 Der harte Überlebenskampf bestimmt mein Leben.
Betäubt von der Droge der Abhängigkeit.

6 Wer Dich sucht, muss nicht allein kämpfen.

7 Du wirst alle aus dem Gestrüpp der Unfreiheit befreien.
Deine Antwort ist Freiheit.

8 Lebendig bebend kommt der Lebendige:
Du wirst einen Ort finden,
an dem du frei atmen und leben kannst.
Niemand wird dich mehr beherrschen.

9 Du wirst zurücklassen können, was dich so sehr plagt.
Das, was dich einst schwach machte,
macht dich jetzt stark:
Dann wird dein Herz vor Freude hüpfen.
Du bist nicht vergessen.

10 Was dir gefährlich war,
braucht dich jetzt nicht mehr erstarren zu lassen.
Dein Bedränger ist entmachtet.

11Werde ich wieder sicher sein?
Muss ich einmal keine Angst mehr haben?

12Interessiert es Dich nicht, wie es mir geht?
Muss ich allein kämpfen?

13Wer soll mir helfen außer Dir?
Keinem Menschen kann er mehr etwas antun.

14Aber mit dem Lebendigen wird das Leben neu aufblühen.
Wo zuvor der Sturm alles niedergerissen hat,
sprießen neue Knospen des Glücks.

Psalm 61
Türöffnerin

1

2 Ewige Liebe, warum hörst Du den Schrei meines
verwundeten Herzens nicht?
Mein bittendes Seufzen soll nicht im Nichts verebben.

3 Mein Herz fühlt Dich nicht mehr.
Mein Mut ist ausgewandert. Ein Berg tut sich vor mir auf.
Ich habe keine Kraft, ihn zu erklimmen.

4 In Dir bin ich zuhause.
Du siehst die Gefahr schon von Weitem.

5 In Dir bin ich zuhause.
Öffne mir die Tür in Deine Gegenwart,
damit ich immer bei Dir sein kann.

6 Ich würde Dir alles versprechen, wenn ich könnte.
Alle können Dir einen Platz in ihrem Herzensraum schenken.
Sie werden bis in die ewige Ewigkeit mit Dir verbunden sein.

7 Vergiss nicht, meine Seele:
Die Würde darf dir nicht geraubt werden.
Die Würde war, die Würde ist und die Würde
wird nie vergehen.

8 In Deiner Gegenwart ist Glück und Hoffnung.
Friede hüllt Dich ein.

9 Mein Herz hüpft vor Freude.
In Deiner Gegenwart darf ich sein.

Psalm 62
Suchende Seele

1

[2]Nur in Deiner Gegenwart
kann meine aufgescheuchte Seele ihre Augen schließen.
Bei Dir allein bin ich sicher.

[3]Kraftlos kann sich meine Seele bei Dir anlehnen.
Bei Dir allein bin ich sicher.
Du umgibst mich wie eine schützende Mauer.
Du verteidigst mich.

[4]Im Leiden bin ich allein.
Mein Bedränger bekämpft meine Lebendigkeit so lange,
bis die Mauer, die mein Leben beschützt hat,
in sich zusammenbricht.

[5]Verführt in den Himmel der Freundschaft,
offenbart sich hinter der Maske das Gesicht des Bedrängers.
Sein Mund spricht heilige Worte,
doch seine Hände tun Schädliches.

[6]Nur in Deiner Gegenwart
kann meine aufgescheuchte Seele ihre Augen schließen,
denn an Dich erinnert sich meine Seele:
Es gibt eine Hoffnung.

[7]Kraftlos kann sich meine Seele bei Dir anlehnen.
Bei Dir allein bin ich sicher.
Du umgibst mich wie eine bergende Mauer.
Ich darf nicht aufgeben. Nicht jetzt!

[8]Kraftlos kann sich meine Seele bei Dir anlehnen.
Meine Seele spürt, würdig zu sein.
Bei Dir allein bin ich sicher. In Dir bin ich zuhaus. →

9 Vertrau ihm, suchende Seele,
der Lebendige ist immer da.
Nicht einmal den dunkelsten Winkel deines Herzens
musst du vor ihm verstecken.
Ich wohne bei der Ewigen Liebe.

10 Menschen kommen und gehen.
Freundschaften sind stark wie die Liebe
und brüchig wie Glas.
Nur die Liebe bleibt für immer.

11 Wer andere unterdrückt, ist kein Gott.
Wer andere behandelt wie einen persönlichen Besitz
und vergisst, Mensch zu sein.
Liebe verkauft sich nicht.

12 Gottes Nein wird nicht plötzlich ein Ja.
Macht kommt nur von ihm.

13 Ewige Liebe, alles kommt von Dir.
Am Ende wird die bergende Gerechtigkeit siegen.

Psalm 63
Aufgewühlt

1

2Du bist mein Lebendiger,
den ich schon immer gesucht habe.
Weck meine liebesgeleerte Seele auf.
Mein Sein zieht mich zu Dir.
Meine hoffnungslose Leere schreit nach Liebe.

3In Deiner Gegenwart streckt sich
meine aufgescheuchte Seele nach Dir aus.
Ich will sehen, was Du wirkst.
Ich will sehen, wie Du bist.

4Wenn Deine Großherzigkeit für mich kämpft,
weicht jeder Zweifel von selbst.

5Mein Leben wird zum Liebeslied für Dich.
Meine Seele streckt sich aus nach allen Seiten.

6Deine Gegenwart beruhigt meine aufgescheuchte Seele.
Meine Seele streckt sich aus nach allen Seiten.

7Aufgewühlt komme ich zu Dir
und Du kommst zu mir, wenn alles um mich tobt.

8In meiner Hilflosigkeit hast Du mich gestützt.
In Deiner Gegenwart kann ich mich ausruhen.

9Meine Seele will Dich nicht mehr loslassen.
Du lässt mich nicht fallen.

10Mein Bedränger, der mir die Luft zum Sprechen nahm,
wird nun selbst keine Ruhe mehr finden. →

11 Er ist allein und verlassen.
Niemand steht mehr auf seiner Seite.
Er ist vogelfrei.

12 Ihre Würde kennend, freut sich meine Seele,
sobald sie die Ewige Liebe erblickt.
Bei ihr ist wahr, was du erlebt hast.
Das Schweigen, das dein Bedränger von dir fordert,
wird von ihm selbst verlangt.

Psalm 64
Verflixte Freundschaft

1

2 Lebendiger, schau Dir mein Leiden genau an.
Lass mich wieder spüren, dass ich lebe.
Ich bin ängstlich erstarrt vor meinem Bedränger.

3 Tu eine Tür auf, damit ich mich verstecken kann.
Die Angst nimmt mich ganz gefangen.
Es ist nicht recht, was er tat.

4 Mit dem Wort Freundschaft vernichtete er mich.
In Abhängigkeit verstrickt, tat ich, was er wollte.

5 Alles ist ein Geheimnis.
Niemand soll es sehen, niemand soll es wissen.
Er nimmt sich alles, als gehöre es ihm.

6 Er wusste immer, dass er mir wehtut.
Er war sich sicher, dass ich ihn niemals verraten werde.

7 Er probiert aus, wer sein Spiel mitspielt.
Niemand sieht sein zweites Herz. Niemand will es sehen.
Sogar vor sich selbst hat er es versteckt.

8 Die Ewige Liebe beendet das Versteckspiel.

9 Er kann seinen eigenen Lügen nicht mehr trauen.

10 Unsicherheit überkommt alle, die ihn sehen.
Doch die suchenden Herzen
wenden sich der Ewigen Liebe zu.

11 Alle, die Dich suchen,
bekommen wieder festen Boden unter ihre Füße.
Bei Dir finden sie ein Zuhause.
Das, was echt ist, wird am Ende stärker sein.

Psalm 69
Vor dem Spiegel Deines Zorns

1

2 Lebendiger, befreie mich, ich drohe unterzugehen.

3 Ich habe den Halt unter meinen Füßen verloren.
Die Flut nimmt mich mit ins stürmische Meer.

4 Ich kann nicht mehr.
Erschöpft sinke ich auf den Boden der Tatsachen nieder.
Ich hatte noch Hoffnung.
Doch da ist nichts, was mir bleibt.

5 Es kommt mir vor, als würde ich gegen Tausend ankämpfen.
Er bleibt immer der Stärkere.
Seine Lügen werden gewinnen.
Ich soll für seine Schuld bezahlen.

6 Warum war ich so dumm? Warum bin ich so schwach?

7 Niemand soll die Hoffnung verlieren, nur weil ich kämpfe.
Lebendiger, es soll nie mehr passieren!
Niemand soll so leiden wie ich.

8 Die Gerüchte häufen sich. Wer bin ich noch?

9 Ich habe meine Heimat verloren.
Das Vertraute ist mir nun entfremdet.

10 Ich kämpfe, weil ich Dich liebe, Ewige Liebe.
Du weinst mit mir und ich weine mit Dir.

11 Es war alles umsonst.

12 Ich gab mir die Schuld.
Ich dachte, ich würde mich falsch verhalten.
Die falsche Kleidung tragen.

13 Ich denke: Mein Leid ist in meine Stirn eingeritzt.

14 Bei Dir darf ich sein, wie ich bin.
Bei Dir darf ich mich jederzeit ausruhen.
In letzter Sekunde
kommt mir die Befreiung lächelnd entgegen.

15 Lass mich nicht untergehen im Sumpf der Ungerechtigkeit,
damit ich nicht ertrinke im Lügenmeer des Bedrängers.

16 Die Fluten des stürmischen Meeres
dürfen mich nicht vom Land wegreißen.
Ich will nicht hinabsinken
auf die tiefsten Abgründe seines Lebens.
Er hat mich gefangen genommen
im Kerker der Abhängigkeit.
Ich will nicht darin ersticken.

17 Ewige Liebe, lass mich nicht los. Deine Liebe siegt.
In Deinem Herzen darf ich ruhen.

18 Tu nicht so, als wärst Du nicht da. Ich zittere vor Angst.
Komm und beruhige meine aufgescheuchte Seele.

19 Sei mir nah, aber nicht zu nah.
Befreie mich, damit mein Bedränger sieht, dass Du da bist.

20 Du siehst, welches Unrecht mir angetan wurde.
Mein Bedränger darf nicht länger Dein Botschafter sein.

21 Manchmal frage ich mich, was schlimmer ist:
die Gewalt des Bedrängers
oder die Worte der Dabeistehenden.
Die Traurigkeit macht mich krank.
Ich wünschte mir, dass mich jemand versteht.
Jemand, bei dem sich meine Seele anlehnen kann,
der mich tröstet.
Der mich hält und gleichzeitig loslässt. →

22 Betäubt und immer nur betäubt.
Das Leben ist mir bitter geworden.

23 Der Tisch des Brotes wird zum Tisch der Gewalt.
Leib und Blut Christi:
Ist das nicht auch Ausdruck größter Gewalt?

24 Mein Bedränger soll in die Nacht des Zweifels fallen.
Der einst sichere Weg werde zur Schlucht,
die direkt in den Abgrund führt.

25 Lass Deine Wut donnern.
Er soll sich fragen, wer er ist,
wenn er vor dem Spiegel Deines Zorns steht.

Psalm 70
In luftigen Höhen

1

2Ewige Liebe, eile herbei! Lebendiger, zögere nicht!

3Schütze nicht weiter seinen guten Ruf.
Wer sich freut, dass Unrecht weitergeht, soll sich schämen,
wenn er den ekelerregenden Taten begegnet.

4Wer immer noch meint, ich würde lügen,
soll endlich aufhören, falsche Gerüchte zu verbreiten.

5Wer Dich in seinem tiefsten Innern sucht,
dessen Herz soll in luftige Höhen hüpfen.
Wer hofft, in Dir heil zu werden, ahnt, wie Du bist.

6Ich bin nichts und niemand.
Ewige Liebe, eile herbei!
Lebendiger, nur Du kannst mich befreien, zögere nicht!

Psalm 77
Schabloneritis

1

2 Lebendiger, ich schreie meine letzte Kraft hinaus.
Ewige Liebe, Du bist meine letzte Hoffnung.

3 Als ich den Boden küsste und nicht mehr aufstehen konnte.
Nachts, als meine aufgescheuchte Seele nicht zur Ruhe kam,
tanzten meine Gedanken Dir entgegen.

4 Kein Wort mag meinen Schmerz beschreiben.
Kein Gedanke erfasst die Tiefe der Wunde.

5 Je schwärzer die Nacht, desto wacher mein Geist.
Alte Bilder und Träume durchwirbeln meine Seele.

6 Vergangen, vergangen, alles ist vergangen.
Doch die Augen meiner Seele schauen jetzt das Ungeheuer.

7 Ich wälze mich hin und her.
Meine Seele sehnt sich nach Frieden in Dir.

8 Ewige Liebe, warum bist Du mir so fremd geworden?
Wird Deine Sanftheit niemals mehr meine Seele beruhigen?

9 Wird das Leben mir niemals mehr einen Sinn schenken?
Ist alles, was ich von Dir früher gehört habe, Lüge?

10 Ewige Liebe, hast Du vergessen zu lieben?
Lebendiger, hast Du vergessen, mir Leben zu schenken?

11 Meine Seele flüstert mir zu:
Ich weiß nicht mehr, ob es einen Gott geben kann.

12 Aber früher warst Du mir Freundin. Du warst mir Bruder.
Ich habe Deine Worte gehört.
Ich habe Deinem Ruf Beachtung geschenkt.

13Du hast doch mich gemeint?
Hast Du mich nicht gerufen, Deine kleine Schwester zu sein?
Schwester für andere zu sein?

14Lebendiger, willst Du nicht, dass jede Wunde vernarbt?
Es gibt für mich kein Leben außerhalb von Dir.

15Es gibt viele Götterbilder.
Aber nur Du bist echt.
Nur Du bist kraftvoll, nur Du bist Leben.

16Befreit, ja, befreit hast Du mich, weil ich zu Dir gehöre.

17Du hast alles neu gemacht!
Kein Stein bleibt auf dem anderen.
Durchgewirbelt hast Du meine Möchtegern-Götterbilder.

18Schmutz und Staub wurden abgewaschen.
Dein Donner stürzt Mächtige
von ihrem selbsterrichteten Thron.
Du hast mein Herz angerührt.

19Dein Donner richtet die in den Staub Gedrückten auf.
Meine Seele konnte wieder sehen.
Sie lernte Recht und Unrecht zu unterscheiden.

20Der Weg mit Dir ist kein Sonntagsspaziergang.
Ich wurde hin und her gewirbelt.
Ich konnte Dich nicht mehr festhalten,
Dich nicht weiter in Schablonen pressen.

21Aber Du bist da und hältst mich.
Früher, jetzt und immer ...

Psalm 79
Täuschend echt

1Dein Botschafter ist eingedrungen in Dein Eigentum.
Der Tempel des Heiligen Geistes wurde entwürdigt.
Dein Ebenbild wurde zerstört.

2Die lebendige Seele war in toter Umgebung gefangen.
Eingekerkert in eine Lebenslüge.

3Alle haben es gesehen.
Niemand hat etwas gesagt.

4Gerüchte gingen umher,
aber niemand zweifelt an einem heiligen Botschafter Gottes.

5Soll es immer so weitergehen?
Lebendiger, schaust Du weiter zu?
Dein Zorn reicht nicht aus.

6Du musst schon was tun, damit man Dich erkennt.
Vom Rumsitzen verändert sich nichts.

7Mein Bedränger hat mir alles genommen,
er hat meine Seele verwüstet zurückgelassen.

8Komm mir jetzt nicht mit Ausreden.
Wenn Du jetzt meine Seele nicht auffängst –
wie soll ich jemals selbst stehen können?

9Ewige Liebe, liebe mich zurück ins Leben.
Reiß mich heraus aus dem Gefängnis der Abhängigkeit.
Vergib mir: Ich habe nicht erkannt,
dass jenes Bild, das der Bedränger mir von Dir gezeigt hatte,
nur ein Schein war.
Es sah so täuschend echt aus.

10Ich werde die Frage nicht los:
Wo war Gott da?
Ich würde gern antworten:
Du bist immer da.
Aber wer soll das jetzt noch glauben?

11Hilf meiner Seele
in ihrem ohrenbetäubenden Schweigen.
Mach wieder lebendig in mir,
was aus Angst erstarrt ist.

Psalm 82
Grüße an Rom

1

2Wie lange noch verdreht ihr das Gesetz?
Wie lange noch dürfen die Unterdrücker regieren?

3Die Schwachen müsst ihr schützen, jene,
die keine Stimme haben und die sinnlos leiden.
Lasst für den Rechtlosen Gerechtigkeit anbrechen.

4Befreit die Schwachen und Unterdrückten,
entreißt sie der Hand ihre Bedränger.

5Nichts, rein gar nichts verstehen sie.
Sie wissen nicht, wie es ist zu leiden.
Ihr Erkennen ist in dunkle Nacht gestürzt.
Mit ihrer Macht bringen sie alles ins Wanken.

6Mein Bedränger hat sein Reden mit der Stimme Gottes
verwechselt, er hat sich zu meinem Herrn gemacht,
nichts und niemand hatte mehr Platz neben ihm.

7Aber Du, mein Bedränger, wirst untergehen wie alle,
die anderen wehtun.
Du wirst fallen und nicht mehr aufstehen können,
Du wirst keine Macht mehr haben über andere.

8Lebendiger, tu was nach diesen Worten.
Sonst glaubt Dir bald niemand mehr.

Psalm 83
Vielleicht

1

2 Ewige Liebe, bist Du für immer verstummt?
Lebendiger, regst Du Dich noch?

3 Siehst Du nicht, dass der Unterdrücker im Anmarsch ist?
Er ist bereit, sich zu nehmen, was ihm nicht gehört.

4 Nichts geschieht aus Zufall oder ist unüberlegt.
Tu eine Tür auf,
damit ich mich in Deiner Gegenwart verstecken kann.

5 Der Bedränger sagt: Ich muss sie besitzen!
Ich erzähle ihr etwas von Freundschaft
und sie wird mir blind gehorchen.

6 Der Rat heißt Macht. Der Bund heißt Abhängigkeit.

7 Ich erkenne die Gefahr nicht. Ich habe sie nie erkannt.
Im Schwall der Lüge habe ich Dich nicht mehr gehört,
Ewige Liebe.
Ich habe vergessen, dass ich Dir gehöre und nicht ihm.

8 Sein Schmutz klebt an mir. Ich war festgebunden an ihn.
Treue wurde in Abhängigkeit verwandelt.
Warum hast Du mich nicht vor dem Betrüger beschützt?
Ich will frei sein und leben. Ich will frei sein.

9 Warum durfte er mich von Dir wegführen?
Von mir blieb nur noch eine leere Hülle übrig.

10 Wo ist Deine Gerechtigkeit?
Wo kämpfst Du für mich?
Wann baust Du mich wieder auf?
Wann beginnt Deine Botschaft, Wirklichkeit zu werden? →

11Wann werden sich wieder alle um Dich,
die Ewige Liebe, versammeln?
Damit die Liebe Wurzeln schlägt und aufblüht.

12Wann wird der Betrüger am Boden liegen
und nicht mehr aufstehen können?
Wann wird das übrige Aas von den Raben
und Wölfen davongetragen?

13Er drückte mir den Stempel auf: Du bist mein!

14Mach, dass alle erkennen,
welche Gefahr von dem Betrüger ausgeht.
Nimm ihm alles, wodurch er wichtig geworden ist.

15Lass ihn eingekerkert werden von packender Angst,
die ihn nicht mehr loslässt.
Wo er war, soll nichts mehr an ihn erinnern.

16Jage ihn fort, jage ihn weit fort.
Dorthin, wo er kein Unheil mehr anrichten kann.

17Lass ihn abstürzen in Tiefen, die er vorher nie erahnt hätte.
Vielleicht fängt er dann wieder an, nach Dir zu fragen.

18Er soll leiden, wie ich leide.
Nie mehr soll seine Seele zur Ruhe kommen.
Verzweifelt und hoffnungslos soll er zurückbleiben.

19Vielleicht erkennt er dann, wer Du bist?
Vielleicht erkennt er, dass Du die Ewige Liebe bist.
Vielleicht erkennt er, dass die Ewige Liebe
nicht missbraucht werden kann.
Vielleicht.

Psalm 85
Versteckte Glückssträhne

1

2 Hast Du vergessen, dass es mich gibt?
Du hast meine Unglückssträhne beendet!

3 Ich bin mit fremder Schuld beladen.
Wer spricht mich frei?
Unrecht darf nicht weiter unter den Teppich gekehrt werden.

4 Ich dachte, Du würdest mich hassen.
Ich dachte, Du würdest mir die Schuld geben.
So wie ich mir die Schuld gebe.

5 Beschütze meine Seele.
Mach mein zerrissenes Herz wieder heil.
Ich halte Deine kalte Ferne nicht aus.

6 Warum hast Du mich so alleingelassen?
Warum will ich nicht mehr lebendig sein?

7 Lebendiger, schenke mir einen neuen Sinn.
Lass meinen Widerstand nicht größer sein
als Deine Zuversicht.

8 Meine Seele sehnt sich nach dem Hauch Deiner Liebe.
Gib mir eine neue Zukunft.

9 Auf Deinen Herzschlag will ich hören.
Der unerreichbare Friede soll sich breitmachen in mir.
Nie mehr will ich dem Betrüger glauben.

10 Die Zeit heilt nicht alle Wunden.
Aber die Ewige Liebe verbindet sie. →

11Die Ewige Liebe macht einen Freudentanz.
Friede und Gerechtigkeit umarmen sich wie alte Freunde.
Wie echte Freundinnen.

12Wenn Du da bist, wird alles gut.
Wenn Gerechtigkeit nicht nur ein Traum bleibt.

13Nur die Ewige Liebe ist gut.
Meine Seele schmeckt das neue Leben.

14Gerechtigkeit kommt mir entgegen,
wenn Du Dich nicht länger versteckst.
Räum alles aus dem Weg, was uns noch trennen könnte.

Psalm 86
Aufatmen

1 Neige Dein Herzensohr meiner Seele entgegen.
Dein Flüstern genügt mir.
Der Schmerz frisst sich in meine Seele hinein.

2 Beschütze mich in Deiner Geborgenheit,
ohne Dich bin ich verloren. Ich habe niemanden außer Dir.
Dann will ich wieder weiter weg von Dir.

3 Ewige Liebe, lass mich nicht allein, ich weiß nicht wohin.

4 Zaubere meiner Seele ein Lächeln aufs Gesicht.
Was soll ich ohne Dich tun?

5 Lebendiger, Du bist der Einzige, der mich versteht.
Du bist der Einzige, der meine tote Seele beleben kann.

6 War alles umsonst?
Ich habe keine Kraft mehr, nach Dir zu rufen.

7 Wenn ich nicht mehr selber gehen kann,
ist Raum für Deine Kraft.

8 Die Ewige Liebe ist unvergleichlich.
Sie ist unbeschreiblich.

9 Einmal wird alles anders.
Vielleicht brauchen wir dann keine Macht mehr,
sondern nur noch Liebe.
Dann schafft sich das Unrecht selbst ab.

10 Ich will gemeinsam mit Dir träumen.
Davon, dass Gerechtigkeit alles Dunkle hell macht.

11 Nie mehr will ich Dich aus dem Blick verlieren.
Und wenn ich Dich doch verliere,
will ich nicht aufhören, Dich zu suchen.

→

12 Ewige Liebe, Du bist mein und ich bin Dein.
Nichts und niemand darf uns je trennen.

13 Deine Liebe endet nie.
Du hast mich herausgerissen aus dem Dunkel meiner Nacht.

14 Der Tyrann konnte es nicht auf sich sitzen lassen.
Seine Stärke prallte auf mich. Seine Größe erdrückte mich.
Mir geht die Luft zum Atmen aus.

15 Bei Deinem Herzen kann sich meine Seele anlehnen.
Du hast keine hinterlistigen Gedanken.
Du bist immer da. Dein Handeln vernichtet mich nicht.
Im letzten Moment schreitest Du ein.
Du verlässt mich nie.

16 Schau mich an und bleib!
Gib mir etwas von Deiner Stärke.
Lass mich nicht allein kämpfen.

17 Schenke mir eine neue Zukunft.
Wer mich hasst und mir schaden will,
wird enttäuscht werden.
Die Ewige Liebe hat mich nie verlassen.
Meine Seele atmet getröstet auf.

Psalm 88
Niemand

1

2Weil Du mich aus dem Gefängnis der Abhängigkeit
herausgeholt hast, komm ich zu Dir.

3Schrecke nicht zurück vor meinem Leid,
das niemand sehen will.

4Ich weiß nicht, ob ich noch ein Mensch bin.
Meine Wunden schmerzen so sehr. Alles soll vorbei sein.

5Vielleicht sollte ich selbst alles beenden.
Allein liege ich im Schmutz meines Bedrängers.

6Niemand kann den Schmerz mittragen.
Ich fühle mich so fern von Dir. Niemand kann mir helfen.

7Wie lebendig begraben bin ich gefangen in tiefster Nacht.
Nicht mal mehr ein Stern leuchtet mir.
Die Erinnerungen an die Gewalt halten mich gefangen.

8Wieder denke ich, ich sei schuld an allem.
Ich hätte gegen Dich gesündigt.

9Ich war in der Seifenblase
der falschen Freundschaft gefangen.
In Wahrheit war es Unterdrückung.
Wie soll ich herausfinden
aus dem Irrgarten der Erinnerungen?

10Nicht mal ich selbst ertrage meinen Schmerz.
Wo hast Du Dich versteckt, wenn ich nach Dir suche?

11Wird meine Seele einmal wieder
frische Hoffnung atmen können?
Wird mein Herz wieder schlagen? →

12Niemand wird mir glauben.
Niemand.

13Wie hätte ich Dich finden können in diesem Kerker,
in den er mich gesteckt hat?
Wie hätte ich Deine Liebe spüren können?
Wie hätte ich erkennen können, dass er mich gebraucht?

14Ich finde nicht die Worte,
um Dir von meinem Schmerz zu erzählen.
Ein Schrei verebbt in meiner schmerzenden Seele.

15Bin ich Dir egal?
Bin ich Dir zu unwichtig?

16Mein Leben besteht nur aus Schmerz.
Meine ganze Jugend hat mir der Übeltäter genommen.
Wo ist mein Herz hingerannt?

17Selbst vor Dir habe ich Angst.
Angst, dass Du mehr von mir willst, als ich geben kann.
Angst, dass Du Dir einfach nimmst, was Du willst.

18Draußen bin ich auf weitem Meer. Allein.
Ich kämpfe mit den Wassermassen ums Überleben.
Der Strudel will mich in die Tiefe ziehen.

19Kämpft niemand mit mir?
Auch ich will aufgeben.
Ich will mir nicht mehr glauben,
damit die Finsternis um mich herum Recht bekommt.

Psalm 91
Grenzwächter

1Wenn ich mich in Deiner Nähe berge,
kann mich niemand bedrängen.

2Ich sage zur Ewigen: mein Zuhause, mein Grenzwächter.
Bei Dir, Lebendiger, bin ich sicher.

3Sie rettet mich, wenn andere mich manipulieren
und Böses im Sinn haben.

4Sie beschützt dich und hüllt dich ein,
du kannst zu ihr fliehen, wenn du kraftlos bist.
Du darfst ihr vertrauen, sie ist ausgerüstet gegen Übergriffe.

5Fürchte dich nicht, erschrick nicht vor der Finsternis,
die dir entgegenkommt, noch vor den Angriffen,
die sich über dir erheben.

6Nicht vor dem Ungeheuer, das leise daherschleicht
und dir das Leben nehmen will,
oder vor dem schier Untragbaren, das plötzlich auftaucht.

7Wie stark du auch verletzt wirst,
wie wund dein innerster Kern auch sein mag,
der Möchtegern-Mächtige wird dich nicht
für immer beherrschen.

8Es wird Wirklichkeit, was du dir nicht zu erhoffen wagst.
Die Zeit wird kommen, wo er für seine Schuld leiden wird.

9Ewige Liebe, in Dir bin ich geborgen.
Nichts kann mich aus Deinem Heilsraum herausreißen.

10Das, was dich kaputtzumachen droht,
kann dich nicht vernichten.
Du wirst wieder Leben haben und frei sein. →

11 Egal, wie allein du dich fühlst,
ich bin bei dir und um dich.

12 Wenn du stolperst, locke ich dich zu neuen Perspektiven.
Wenn du vor Schmerzen schreist, bin ich da.

13 Wenn deine Angst dich aufzufressen droht
und du in deiner engsten Enge eingekerkert bist,
öffne ich dir eine neue Tür.

14 Bedingungslose Liebe hauche ich dir zu.
Du weißt um mich und ich kenne dich.
Das genügt für das Jetzt.

15 Jedes verebbte Seufzen klingt in meinem Ohr
und ich eile herbei.
Wenn du in Gefahr bist, bin ich immer bei dir,
auch wenn du es nicht spürst.
Ich beschütze dich, auch wenn du es nicht bemerkst.

16 Dann wird dein Innerstes erfüllt mit neuem Lebensmut
und deine blutenden Wunden hören auf zu schmerzen.

Psalm 94
Wer hat das letzte Wort?

1 Ewige Liebe, sorge für Gerechtigkeit.
Lebendiger, eile herbei mit Deinem Recht.

2 In Dir öffnet sich ein Raum des Heils.
Mein Unterdrücker kennt ihn nicht.

3 Wie lange noch wird er stärker sein als ich?

4 Wie ein wildgewordenes Tier,
das nach seiner Beute jagt, so ist er bereit,
sich zu nehmen, was ihm nicht gehört.

5 Lebendiger, selbst wenn ich am Boden liege,
tritt er auf mich ein. Seine Gewalt drückt mich
in seine schmutzigen Gedanken hinein.

6 Die Schwachen und Wehrlosen
haben keine Aussicht gegen ihn.
Allein sind sie gefangen
im Dunstkreis seiner Fantasien.

7 Als Botschafter Gottes meint er Dir besonders nahe zu sein.
Er kennt keine Grenzen.

8 Alle stehen hinter ihm.
Warum begreift niemand?

9 Ewige Liebe, bist Du blind? Lebendiger, bist Du taub?

10 Willst Du nichts tun, kannst Du nichts tun?
Bist Du Gott?

11 Kann ich jemals vergessen?

12 Tu was!
Vielleicht gibt es noch Hoffnung. →

13 Vielleicht bricht dann die Gerechtigkeit an.

14 Ich bin mir sicher:
Du wirst mich nicht alleinlassen!

15 Mach die Schwachen stark
und gib den Verstummten eine Stimme.
Dann kann etwas Neues anbrechen.

16 Wer steht mit mir auf gegen das Unrecht?
Wer deckt mit mir die Schandtaten auf?

17 Willst Du meine Seele nicht beschützen?
Hätte ich besser schweigen sollen?

18 Stürzt du ins nächste Unglück,
steht der Lebendige bereit, dich zu stützen.

19 Wenn meine Seele nicht mehr weiterweiß,
bist Du meine Kraft, mein Antrieb.

20 Doch manchmal zweifle ich,
auf welcher Seite Du stehst.

21 Ein neuer Schlag ins Gesicht
und ich taumle bewusstlos zu Boden.

22 Du hast mich aufgefangen in Deiner Gegenwart.
Der Raum des Heils öffnet sich mir.

23 Mein Traum:
Niemand darf mehr Unrecht zu Recht erklären.
Der Stärkere wird nicht das letzte Wort haben.

Psalm 98
Freudenlied

1Singt der Ewigen das schönste Lied.
Sie hat alles gut gemacht;
mit ihrer unbeschreiblichen Kraft ist sie immer stärker.

2Der Lebendige hat sein Dasein offenbart.
Wie er war und wie er ist und wie er sein wird:
Er hat wieder einmal bewiesen,
dass er nur treu und liebend sein kann.

3Alle haben Deine Stärke gesehen.
Bestaunt sie alle, seid ausgelassen und zeigt,
dass ihr euch an ihr freut.

4Lasst eure Freude herausplatzen:
Verbergt nicht länger eure Befreiung,
tanzt dem Leben entgegen.

5Singt das Lied der Befreiung.
Macht bekannt, dass sich alles zum Guten wenden kann.

6Ermutigt die Zweifelnden. Erfrischt die Hoffnungslosen
und gebt der Freude ein Gesicht.

7Dann wird die Gerechtigkeit für alle spürbar.
Himmel und Erde sind für einen Moment eins.

8Es wird sein, als hätte sich ein Berg
an eine andere Stelle gesetzt.
Einmalig und unfassbar hat sich ein Heilsraum aufgetan.

9Die Ewige Liebe ist nah, sie ist da,
sie greift ein und stärkt die Geschwächten.

Psalm 99
Liebe erinnert

1Alles Lebendige soll mit der Ewigen Liebe feiern.
Lebendig sollen alle sein, die ihm begegnen
von Augenblick zu Augenblick.

2Kommt alle zu ihm, so, wie euer Herz heute ist.

3Erinnert euch:
Der Lebendige ist lebendig, er ist unser Grund
und wir dürfen uns bei seinem Herzen anlehnen.
Es gibt für ihn nichts Wichtigeres als dich.

4Kommt zu ihm nach Hause und erinnert euch:
Wo habt ihr Gutes erlebt? Bei ihr könnt ihr euch ausruhen,
so, wie euer Herz heute ist: Wo habt ihr Gutes erlebt?
Erinnert euch, wo habt ihr Freude erlebt?

5Ja, Gott ist gut, auch wenn ich es manchmal nicht
glauben kann in meinem Schmerz.
Seine Liebe ist stärker als der Tod, er ist immer da:
gestern, heute und auch morgen.

6Meine Seele, auch du kennst Menschen,
die der Ewigen Liebe vertraut haben. Sonst hättest du
nicht standgehalten, du wärst zusammengebrochen.

7In meiner dunkelsten Nacht hast Du mit mir wach
dagelegen und mich bewahrt vor dem Lebensvernichter.
Andere folgten Dir; so konnte ich lernen, Dir zu vertrauen.

8Lebendiger, Du hast Dich gezeigt. Egal, wie vernichtend
meine Gedanken waren. Du stehst auf meiner Seite.

9Dein Sein ist unfassbar.
Vertrauend lehnt sich meine Seele bei Deiner Liebe an.
Ewige Liebe, Deine Liebe verströmt grenzenlos.

Psalm 102
Eine Herzenslänge entfernt

1 *Willenlos gemacht, aber nicht vergessen.*

2 Ewige Liebe, spürst Du meine Angst?
Lebendiger, kennst Du mein Leid?

3 Hör auf, Dich vor mir zu verstecken!
Mein Leid reiche hinein in Dein Herz.
Komm, so schnell Du kannst!

4 Wie konnte das alles nur passieren?
Vernebelt ist meine Sicht.

5 Der Schmerz in meinem Innern füllt mich,
dass mir übel wird vom vollen Teller am Mittag.

6 Der Schmerz frisst mich auf.

7 Allein und verlassen,
verloren und hoffnungslos bleibe ich allein.

8 Wird es dunkel, so umschleicht mich die Angst.
Die Nacht – sie macht mich so einsam.

9 Der Stärkere bleibt stark.
Seine Worte sind gewichtiger als meine Wirklichkeit.
Der Schmerz macht mich einsam.

10 Ich fühlte mich benutzt und beschmutzt.
Der Schmerz war so groß.
Ich konnte nicht einmal mehr weinen.

11 Die Schuldfrage lässt mich nicht los.
Ich will nicht, dass Du mir zu nahe kommst, Lebendiger.

12 Wo ist mein Leben hin?
Nichts ist, wie es war.

→

13 Ewige Liebe, niemals hörst Du auf zu lieben.
Lebendiger, Du bist und Du bleibst.

14 Tröste meine hoffnungslose Seele.
Halte mein auseinandergebrochenes Herz zusammen.

15 Mein Herz erinnert sich unaufhörlich an das, was war.
Meine Herzensnarben werden mich immer daran erinnern.

16 Hoffnung bleibt, solange die Suche nach Dir sich fortsetzt.

17 Mein Herz schlägt wieder ein Hoffnungslied
in Deiner Gegenwart.

18 Dein Herz hat sich meiner Seele zugeneigt.
Der Rhythmus des Leids wurde zum Rhythmus der Liebe.

19 Ich schreibe für eine neue Hoffnung.
Leid bleibt nicht immer Leid. Wunden können vernarben.

20 Die Ewige Liebe hat sich nicht für immer versteckt.
Der Lebendige war nicht auf immer verschollen.

21 Er hat mich herausgeholt aus dem Netz der Abhängigkeit.
Er hat meine tote Seele wiederbelebt.

22 Auch deine verletzte Seele kann vernarben.
Auch du darfst leben.

23 Traurige Seelen werden sich
zum fröhlichen Tanz versammeln.
Sie werden der Ewigen Liebe entgegenlieben.

24 Immer wieder bin ich zusammengebrochen
unter der Last fremder Schuld.

25 Jetzt sage ich:
Lebendiger: Jetzt will ich leben!
Lebendig sein, so wie Du lebendig bist.

26 Alles, was ich sehe, erinnert mich an Dich –
ans Sein und Werden.

27 Weder Freude noch Leid sind für ewig.
Doch Deine Liebe wird niemals enden.

28 Die Zeit wird sich nie verflüchtigen.

29 Für alle, die morgen leiden werden:
Lass sie nicht verzweifeln!
Schenk ihnen eine neue Zukunft.

Psalm 103
Die ein Herz für uns Habende

1 Juble vom Innersten über die Ewige Liebe und wie sie ist.
Dein ganzes Sein soll Freude ausdrücken.

2 Juble von innen über die Ewige Liebe
und erinnere dich an deine Begegnungen mit ihr.

3 Er vergibt grenzenlos, wenn du schwach bist
und anders handelst, als du möchtest.

4 Sie bietet dir einen Schutzraum an aus Liebe
und Geborgenheit.

5 Er ist mit seiner Sorge um dich immer bei dir,
weil er deine Freiheit will und dich ermutigt,
nicht aufzugeben.

6 Die göttliche Ärztin kann heil machen, was verwundet ist,
und sie richtet die Ohnmächtigen auf.

7 Schon Mose, Aaron und Miriam war er Wegbegleiter
und allen, die vor uns glaubten, zeigte er sich, wie er ist.

8 Die Ewige Liebe schafft Zuflucht, schenkt sich selbst,
wartet immer auf dich
und riskiert ihre Liebe grenzenlos und unentwegt.

9 Er kann dir nicht böse sein und er ist nicht nachtragend,
wie ein Mensch es wäre.

10 Sie schaut nicht so sehr auf das, was wir tun,
sondern sieht unser Herz und blickt mit Liebe auf uns,
weil sie weiß, wie wir sind.

11 Er empfindet nichts als Liebe für uns,
weil er mitfühlt mit allen,
die nie mit dem Suchen aufgehört haben.

12Wenn sie mich so liebevoll anschaut,
dann kommt es mir vor, als wäre alle Angst und Schwachheit,
die mich von mir selbst entfremden, wie weggeblasen.

13Er kommt uns so nahe, wie kein Mensch es kann,
und kann nicht anders, als zu lieben.

14Sie erkundigt sich nach uns. Sie kennt alles von uns,
nichts ist ihr unbekannt, wir brauchen uns nicht zu schämen.

15Das Leben des Menschen ist so kurz;
ehe man sich's versieht, ist man alt und alle Kraft
und jede Vision gehören der Vergangenheit an.

16Der Sturm der Vergesslichkeit beginnt
und schließlich vergeht irgendwann
jegliche Erinnerung an diesen Menschen.

17Eines bleibt immer: die Liebe der Ewigen für alle Suchenden.
Dann werden auch jene, die später kommen, noch wissen,
wie die Ewige Liebe ist.

18Alle, die bleiben, wenn es leichter wäre zu gehen,
die sich an die erste Liebe erinnern
und es immer wieder neu versuchen, werden fröhlich sein.

19Die Ewige Liebe zeigt sich, sie ist überall!

20Jubelt, die ihr zeigt, dass Gottes Gegenwart da ist,
die ihr in eurem Leben ganz auf sie setzt
und immer wieder lauscht und versucht, ihr zu begegnen.

21Jubelt der Ewigen Liebe,
alle, die ihr in ihrer Freude lebt, alle, die ihr berufen seid
und den Weg zum Leben in Fülle sucht.

22Jubelt der Ewigen Liebe, ihr wunderbar Gestalteten,
genau dort, wo ihr seid.
Jubelt aus dem Innersten heraus der Ewigen Liebe zu!

Psalm 109
Der Rucksack fremder Schuld

[1]Wie soll ich Dich loben, wenn ich leide?

[2]Ich wurde ins tiefe Lügenmeer geworfen.
Warum ist die Lüge so stark?

[3]Schonungsloser Hass schlägt mir ins Gesicht.

[4]Ich trage den Rucksack fremder Schuld.

[5]Das Wort wurde mir im Mund umgedreht.
Wörter bekamen eine neue Bedeutung.

[6]Wie soll man Unrecht beweisen ohne Zeug:innen?

[7]Welches Gericht soll dieses Unrecht bestrafen?
Jedes Gebet aus seinem Mund war ein noch größerer Betrug.

[8]Er darf nicht so weitermachen.
Er ist seines Amtes nicht würdig.

[9]Einsam und verlassen soll er dann
in tiefe Verzweiflung stürzen.

[10]Er soll einmal so leiden, wie ich gelitten habe.

[11]Ihm soll alles genommen werden.

[12]Nirgendwo soll er noch Trost finden.

[13]Niemand soll mehr an ihn denken.

[14]Das Leid darf niemals vergessen werden.

[15]Wann beginnt er,
für seine Schuld Verantwortung zu übernehmen?

[16]Verantwortung ist für diesen Menschen ein Fremdwort.
Er lud sie den Schwachen und Ohnmächtigen auf.
Den Hoffnungslosen nahm er den letzten Funken Hoffnung.

17Anstatt Gutes zu wünschen, beschwerte er die Herzen.
Warum soll er jetzt Gutes erfahren?

18In seinem Gewand hüllte er mich ein in seine Schuld.
Er soll sich schmutzig fühlen, wie ich mich fühlte.
Bis auf die Knochen soll er mein Leid tragen.

19Das Verbrechen klebe an ihm.
Jede:r wird es von Weitem entdecken.

20Er tat so, als wolltest Du es, Ewige Liebe,
dass er mich so behandelt.
Als wolltest Du, Lebendiger, mein Leben vernichten.

21Ewige Liebe, vergiss nicht, wie Du bist!
Reiß mich raus aus meinem Schmerz.

22Mein Wille wurde gebrochen:
Ich weiß nicht, wer ich noch bin.
Mein Herz bleibt verwundet zurück.

23Alles erscheint mir sinnlos.
Wofür soll ich noch kämpfen?
Niemand will es hören.

24Ich finde mich nicht mehr.
Ich weiß nicht, ob ich noch bin.

25Niemand glaubt mir. Alles war umsonst.

26Lebendiger, Du bist meine letzte Rettung.
Gib mir eine letzte Hoffnung.

27Jede:r soll sehen, dass Du an meiner Seite kämpfst.
Nur Du kannst noch was tun.

28Jede Lüge rückst Du zurecht.
Die Stärke des Unterdrückers bleibt nicht für immer.
Dann wird meine Seele aufatmen. →

29 Jener, der Wunden geschlagen hat,
kann sich nicht mehr hinter seiner Schuld verstecken.
Er kann nicht vor seiner Verantwortung davonlaufen.

30 Dann wird die Wurzel der Hoffnung stark.
Die Freude blüht auf und alle, die an ihr vorbeigehen,
freuen sich mit ihr.

31 Die Ewige Liebe verlässt die Ohnmächtigen nicht.
Der Lebendige lässt sie nicht allein.

Psalm 112
Umhüllt

1Glücklich, wer zur Lebendigen schreien kann,
wer es liebt, die Liebe aufzuspüren.

2Seine Zärtlichkeit wird überall zu spüren sein.
Alles, was er beginnt, wird schön sein,
weil er weiß, was Not tut.

3Mach hell, wo Dunkelheit ängstigt;
jede:r kann sich aufrichten im Dunkeln,
wenn nach Gerechtigkeit, Zärtlichkeit
und Erbarmen gesucht wird.

4Das Schöne wird uns umhüllen und bergen,
weil wir es nicht für uns behalten
und wir niemanden aus dem Blick verlieren werden.

5Unser innerster Kern ist voll Vertrauen;
wir bleiben nicht allein mit unserer Angst,
weil wir das, was wir haben, denen geben,
die es gerade brauchen;
wir sparen es nicht auf für den Sankt-Nimmerleins-Tag.

6Unser Sein wird immer mehr eins mit Dir,
und alles wird Dich loben.

Psalm 116
Auf der Seite der Befreiten

1Ich liebe die Ewige Liebe,
weil sie meine Stimme in meinem Leiden hört.

2Ja, sie hat ihr Ohr mir zugewendet
und ich werde mein ganzes Leben lang nach ihr rufen.

3An allen lebensfeindlichen Orten, an denen ich war,
habe ich mich von anderen nach innen kehren lassen,
eingeschlossen in mich selbst;
ich fühlte mich mehr tot als lebendig,
die Angst machte mich kaputt.
Ich fühlte mich niedergeschlagen von meinem Leid
und Schmerz.

4Aber eines blieb mir;
ich rief zur Ewigen Liebe: Ewige, rette mich!

5Die Ewige Liebe beschenkte mich, sie ist die Gerechte.
Das Herz des Lebendigen fließt über vor Liebe.

6Die Ewige Liebe sorgt sich um die,
welche den nächsten Schritt nicht tun können.
Ich war schwach und sie hat mich gerettet.

7Mein Inneres, nimm dir Zeit zur Erholung,
weil der Lebendige dir wohltut.

8Ja, Du hast mein Innerstes beschützt vor dem Abgrund,
meine Augen vor der Finsternis, damit ich nicht falle.

9Ich gehe vor der Ewigen Liebe im Land der Lebendigen.

10Ich will ihr vertrauen, dann werde ich einmal sagen:

11Ich habe viel gelitten und zu meinem Unglück
bin ich täuschenden Menschen begegnet.

12 Wie werde ich Dir, Ewige Liebe,
nur danke sagen können?!

13 Ich werde voll Freude
über den Namen des Lebendigen singen.

14 Ich werde allen zeigen,
dass Du Deine Versprechen immer einlöst.

15 Du willst doch nicht, dass wir nichts mehr sind;
das kannst Du doch nicht ertragen?!

16 Bin ich nicht Dein, gehöre ich nicht zu Dir,
stehe ich nicht auf der Seite der Befreiten,
deren Fesseln Du gelöst hast?

17 Ich weiß, alles ist Gnade;
ich will Dir aber beweisen, dass ich es ernst meine.

18 Ich werde voll Freude
über den Namen des Lebendigen singen.

19 In Deiner Gegenwart will ich immer sein.
Ich will aus Deiner Liebe leben. Dann ist alles gut.

Psalm 117
Unvergleichlich

1Danke, Ewige Liebe!
Stimmt alle mit ein, freut euch mit mir!

2Deine Liebe ist einmalig, unendlich
und stärker als der Tod.
Du bist und bleibst an meiner Seite
und kämpfst für mich, Lebendiger!

Psalm 120
Immer bereit?

1 Die Ewige Liebe ist bereit,
wenn ich im größten Schmerz nach ihr rufe.

2 Lebendiger, lass mich spüren, dass ich lebe,
damit mein Bedränger nicht siegt.

3 Was willst du noch, reicht es dir noch nicht, Übeltäter?

4 Jedes Wort, jede Geste trifft mich im Kern meines Innersten.

5 Ich habe keine Heimat mehr. Nirgends finde ich Ruhe.

6 Meine Seele hetzt und ist außer Atem.

7 Beruhigt ist meine Seele für einen kleinen Augenblick,
doch dann muss sie bereit sein
für den nächsten Angriff aus dem Hinterhalt.

Psalm 124
Was wäre, wenn?

1 Was wäre gewesen,
wenn die Ewige Liebe nicht da gewesen wäre,
als ich im Schlamm des Leids versunken bin?

2 Was wäre gewesen,
wenn der Lebendige nicht da gewesen wäre,
als ich ohnmächtig dalag?

3 Dann wäre das eklige Spiel meines Bedrängers
nie beendet worden.

4 Dann wäre ich ertrunken im Gift der Abhängigkeit.

5 Dann wäre ich erstickt an der vernichtenden Manipulation.

6 Die Ewige Liebe sei geliebt und zärtlich umarmt,
weil sie mich nie verlassen hat.

7 Meine Seele ist frei, sie ist aus dem Gefängnis ausgebrochen.
Sie ist frei!

8 Der Lebendige steht immer für das Leben ein,
auch mir hat er es zurückgeschenkt.

Psalm 129
Bedrängt, aber nicht vernichtet

1 Das Spiel mit mir war durchdacht von allem Anfang an.

2 Aber ich hatte Kraft zu kämpfen.

3 Das Spiel mit mir war durchdacht von allem Anfang an.
Bedrängt, aber nicht vernichtet war ich.

4 Er war mein Krafträuber, nichts hat er mir gelassen,
das Gift der Betäubung drang in die tiefsten Tiefen.

5 Die Ewige Liebe hat mich nie verlassen.
Sie war mir immer Freundin.
Zerrissen sind die Fesseln der Abhängigkeit,
beendet ist die Unterwerfung:

6 Der Bedränger kann mir nicht mehr schaden.
Seine Macht ist zerstreut.
Dein Botschafter kann nicht weiter für Dich verkünden.

7 Er hat Liebe und Vernichtung verwechselt.
Er weiß weder wer er war noch wer er ist.

8 Niemand glaubt ihm, niemand setzt sich für ihn ein.
Keiner wünscht ihm Gutes. Wer ihm begegnet,
geht auf der anderen Straßenseite weiter.
Nur weil die Ewige Liebe ewig liebt,
kann ich noch hoffen und Hoffnung schenken.

Psalm 130
Kannst Du es für mich?

1Ich stehe in der Sackgasse meines Lebens.

2Führe mich heraus, Lebendiger!
Ohne Dich habe ich keine Zukunft mehr.

3Hast auch Du keinen Trostweg für mich versteckt?
Bin ich hoffnungslos verloren?

4Ich kann nicht vergeben, ich kann nicht vergessen.
Kannst Du es für mich?

5Mein letzter Hoffnungshauch weht Dir entgegen.
Vielleicht fliegt mir ein Hoffnungswort zu.

6Ich sehne mich nach der Ewigen Liebe.
Ich sehne mich danach, ganz und gar gesund zu sein.

7Ihr, die ihr für Liebe kämpft, haltet fest
an eurem Hoffnungsfunken.
Der Lebendige steht auf unserer Seite,
nur er kann uns befreien.

8Die Ewige Liebe wird alle, die sich nach der Liebe sehnen,
aus dem Dreck herausziehen.

Psalm 137
War früher alles besser?

[1]Am Fluss sitzend schaue ich dem Wasser hinterher.
War früher alles besser?

[2]Ich blättere durch ein Liederbuch,
aber meine Stimme bringt keinen Laut hervor.

[3]Der Unmensch, der mich unterdrückte,
der mir meinen Gott gestohlen hat,
er wollte, dass ich mit ihm zu einem Götterbild sprach.

[4]Wie soll ich singen, wenn mein Herz schmerzt?
Wenn meine Seele fremd in mir selbst ist?

[5]Ewige Liebe,
nie will ich Deine grenzenlose Liebe vergessen.

[6]Wenn mich nichts mehr an Deine Liebe erinnert,
dann rüttle mein taubes Herz wach.
Flüstere mir zu, wenn sich Hoffnungswege für mich öffnen.

[7]Du weißt doch,
dass mein Bedränger mich grenzenlos besitzen wollte
und jede verschlossene Tür einrannte.

[8]Warum soll jener,
der mein Leben durcheinandergebracht hat,
eine Hoffnungszukunft haben?

[9]Alle, die ihm begegnen,
sollen ihm das Glück vor der Nase wegschnappen.

Psalm 140
Betäubt in ihm gefangen

1

2 Ewige Liebe,
befreie mich aus der Hand meines Unterdrückers
und zieh mich heraus aus dem Kerker des Gewalttätigen.

3 Selbst seine Gedanken stürzen mich in den Abgrund.
Seine Übergriffe sind unberechenbar.

4 Jedes Wort zieht mich tiefer in die Abhängigkeit hinein.
Ich bin betäubt in ihm gefangen.

5 Behüte mich in Deinem Raum des Heils,
damit keine fremde Hand mich mehr berühren kann,
damit der Mann, der mir Unglück brachte,
nicht weiterhin über jeden meiner Schritte bestimmt.

6 Meine Seele wurde zum Bumerang.
Automatisch kam sie zu ihm zurück.
Meine Seele erkannte die Gefahr noch nicht.

7 Ewige Liebe, ich glaube, dass Du mich weiter liebst,
trotz allen Leids.

8 Lebendiger, Du bist mein Befreier.
Egal, was mich bedrängte, ich war nicht allein.

9 Sein Verlangen nach mir brach jede Schranke entzwei.
Er bekam immer, was er wollte.

10 Leiden, leiden soll er wie ich.
Den stechenden Schmerz meiner Seele soll er fühlen.

11 Er darf nicht mehr Dein Botschafter sein.
Niemand soll so leiden wie ich.
Er soll alles verlieren.

[12]Jede:r soll erschrecken vor seiner furchterregenden Fratze.

[13]Die Ewige Liebe gibt alles,
damit endlich das Recht an Stärke gewinnt
und die Ohnmächtigen wieder Kraft haben,
aufrecht zu stehen.

[14]Jene, die Dich suchen, werden sich um Dich scharen.
Die mit vernarbtem Herzen wollen sich nicht mehr
von Deiner liebenden Gegenwart lösen.

Psalm 141
Herzensmomente

1Ewige Liebe, hör mich doch,
wenn ich mich zu Dir neige; wenn ich zu Dir schreie,
weißt Du doch schon, was ich nötig habe.

2Lass es nicht so weit kommen, dass wir streiten müssen;
niemals kann jemand, der lebendig ist,
sich immer gut und richtig verhalten.

3Mein Bedränger wartet nur darauf,
mich scheitern zu sehen;
er will, dass ich alles verliere, sogar den Sinn meines Lebens,
und nur noch umgeben sei
von all der dunklen Dunkelheit.

4Meine Hoffnung hat sich in Luft aufgelöst,
mein Innerstes ist voller Traurigkeit.

5Aber ich weiß, es war auch schon anders.
Ich will mich an alle Herzensmomente erinnern,
sie sind mein Anker an schweren Tagen.

6Ich strecke mich nach Dir aus;
vor Dir darf ich sein, wie ich bin: leer und hoffnungslos.

7Tu was! Schnell! Lebendiger!
Ich bin am Ende! Versteck Dich nicht vor mir!
Sonst bin ich verloren!

8Hilf mir schon morgens, Deine Liebe zu erfahren,
sonst irre ich sinnlos umher.
Zeig mir meinen Weg, einen Weg, der mich heil macht.
Ich will nur in und mit Dir leben!

9Befreie mich von meinen Bedrängern.
Ewige Liebe, bei Dir bin ich zuhause.

10 Zeig mir Deine guten Ideen für mich.
Du bist da. Du bist mein Gott.
Deine Gegenwart tut mir gut:
Bei Dir wird alles heil werden.

11 Hilf mir, das Leben zu lieben.
Weil Du da bist, bekommt alles einen Sinn in Dir.
Zieh mich heraus aus der Traurigkeit.

Psalm 142
Wie?

1Ich bin gefangen!

2Ich kann nicht mehr stumm sein.
Ich kann nicht mehr schweigen.
Ewige Liebe, lass mich nicht allein!

3Ich schaffe das nicht allein! Du sollst meine Anwältin sein.
Ich weiß weder ein noch aus.

4Mein Lebensmut ist ausgezogen aus mir.
Mein Leben erscheint mir nur noch sinnlos.
Ich ging nicht meinen Weg,
sondern den Weg des Bedrängers.

5Überall suche ich Hilfe,
doch in meiner Angst bin ich allein.
Niemand will meinen Schmerz mehr hören.
Nirgends finde ich einen Platz,
wohin meine Seele ziehen kann.

6Meine Seele ist aus meinem Leib ausgewandert.
Bei Dir suchte ich einen sicheren Ort.
Nur in Dir macht mein Leben Sinn.

7Es ist ernst, ich kann wirklich nicht mehr.
Die Macht meines Bedrängers erschlägt mich.

8Das Gefängnis der Abhängigkeit hat mich
in tiefe Nacht geschubst. Wie soll ich Dir danken?
Wie soll ich mich an Dir freuen?
Wenn Du mir hilfst, tust Du es nicht nur für mich,
sondern auch für viele andere. Tu was!

Psalm 143
Tot lebendig

1 Lebendiger, kannst Du mich noch hören?
Hör mich doch bitte, wenn ich Dich rufe,
Du weißt doch, was ich brauche.
Antworte mir doch,
ich konnte mich doch immer auf Dich verlassen.

2 Sag mir doch nicht, dass alles vergebens war.
Vor Dir kann ich sein, wie ich bin.
Vor Dir muss sich niemand verstellen.

3 Mein Bedränger versucht mir zu schaden;
er trat meinen innersten Kern mit Füßen,
mein Zuhause war die Dunkelheit.
Die Erinnerungen an früher ließen mich
zu einer toten Lebendigen werden.

4 Die Lebenskraft war wie weggeblasen.
Ich konnte es nicht mehr mit mir selbst aushalten.

5 Aber ich weiß, es gab einst auch andere Tage,
als ich Deine Gegenwart erfahren habe.
Ich habe meine Herzenserinnerungen aufleben lassen.

6 Ich habe Dir meine Hände entgegengestreckt,
ich kam zu Dir wie eine Dürstende in der Wüste.

7 Ich kann nicht länger auf Deine Antwort warten,
ich bin am Ende meiner Kräfte!
Aber dann warst Du da, einen Augenblick nur:
Ich habe keine Worte mehr,
ich kann nur schweigend schauen. →

8 Lass mich diesen zweifellosen Moment
noch länger verkosten! Auf Dich kann ich zählen!
Geh mit mir meinen Weg!
Ich will mit Dir leben – für immer!

9 Beschütze mich vor meinem Bedränger, Ewige Liebe:
Bei Dir bin ich zuhause.

10 Zeig mir, wie ich wieder lieben kann.
Du bist meine Lebenskraft!
Dein lebendiger Hauch baut mich auf,
denn mit ihm geht es immer weiter und weiter.

11 Ich glaube, das Einzige, was Dich glücklich macht, ist:
wenn ich lebendig bin.

12 Du weißt, was ich brauche: Bitte zieh mich raus!

Psalm 146
Dann einmal

1 Singt mit der Ewigen Liebe.

2 Meine Seele will aufatmen in Dir.
Von Kopf bis Fuß juble ich Dir entgegen.
Mein Mund findet keine Worte für meine Freude.

3 Vertraut niemals auf Menschen,
die auf alles eine Antwort wissen.
Ihr Ego kann euch nicht retten.

4 Scheinen sie noch so große Prophet:innen zu sein,
sie dienen niemandem außer sich selbst.

5 Aufatmen kann meine Seele nur
in der lebendigen Gegenwart der Ewigen Liebe.
Sie träumt mit Dir zusammen Hoffnungswege.

6 Der Lebendige will, dass du lebst.
Dass du blühst wie die Blume, die er gemacht hat.
Dass du beschwingt bist wie das Meer,
das die Wellen bewegt.
Er lässt dich nicht allein.

7 Wer unterdrückt war, erlebt Gerechtigkeit.
Wem das Lebensrecht geraubt wurde, lebt wieder auf.
Wer in Abhängigkeit verstrickt war, atmet Freiheit.

8 Wer nichts mehr kannte als die Schwärze der Nacht,
freut sich an der strahlenden Sonne.
Wer missbraucht wurde für fremde Zwecke,
findet sich selbst wieder,
denn die Ewige Liebe kann nicht anders, als zu lieben. →

9Wer niemandem mehr vertrauen kann,
wird neu am Duft der Freundschaft schnuppern.
Die Schwachen und Einsamen bleiben nicht allein.
Wer Gewalt verübt, darf nicht für immer bleiben.

10Der Lebendige schenkt dir die bleibende Würde zurück,
die Ewige Liebe hört niemals auf zu lieben.
Singt mit der Ewigen Liebe!

Psalm 150
Freigehüpft

1Singt mit der Ewigen Liebe!
Meine Seele hüpft sich frei, denn in Deiner Gegenwart
kann sie sich an Dein Herz schmiegen.

2Meine Seele hüpft sich frei, denn Du hast mich in den Raum
des Heils geführt, in dem alles sanft und behutsam ist.

3Meine Seele hüpft sich frei voller Hoffnung.
Meine Seele hüpft sich frei voller Freude.

4Meine Seele hüpft sich frei im gemeinsamen Tanz.
Meine Seele hüpft sich frei ins Vertrauen hinein.

5Meine Seele hüpft sich frei zur Nähe.
Meine Seele hüpft sich frei zur Begegnung.

6Meine Seele hüpft sich frei und atmet frische Hoffnung.
Singt mit der Ewigen Liebe!

Zu diesem Buch

Viele sprechen von einem Aufwach-Moment.

Man nimmt an einer Veranstaltung teil, sieht einen Fernsehbericht, liest einen Artikel oder macht eine andere Erfahrung und spürt dabei mit Entsetzen: Genau so etwas ist mir auch widerfahren. Plötzlich sieht man klar vor Augen, was man selbst unendlich lange verleugnet oder verdrängt hatte oder nicht wahrhaben wollte. Es ist, als ob ein Betäubungsmittel schlagartig seine Wirkung verliert.

Für mich aber war es ein Aufschreck-Moment.

Das Empfinden *Mir ist Unrecht geschehen* war sofort und abrupt vorhanden. Die Selbstzweifel, die Schuldgefühle, das Empfinden, Schweigen wäre die angenehmere Entscheidung gewesen, haben bislang nicht aufgehört und werden vermutlich niemals enden.

Da ich zunächst nicht reden und handeln konnte, begann ich zu schreiben über das, was mir unaussprechlich vorkam. Viele haben es bereits getan: geschrieben. Warum also noch weitere Texte?

Der Stein des Anstoßes, der für viele ins Rollen gekommen ist, darf nicht aufgehalten werden. Ohne die Fortschreibung und Bekanntmachung der Erlebnisse von jenen Menschen, die sexualisierte und spiritualisierte Gewalt erleben mussten, können Transformationsprozesse nicht beginnen. Dann bleiben toxische Strukturen hinter einem neuen Anstrich bestehen. Bekanntmachungen können zum Weckruf werden für jene, die hier und heute in einem pathologischen Abhängigkeits- und Machtverhältnis überleben müssen, oder zum Warnsignal für Verantwortliche. Ihnen obliegt es, ihre eigene Wahrnehmung beständig zu schulen und weiterzuentwickeln; so können sie ermutigt werden, sich in Klarheit und Entschiedenheit für die einzusetzen, welche in dieser Dynamik zunächst die Stummgemachten sind.

Außerdem können solche Texte ein Spiegelbild sein für diejenigen, welche Grenzen verletzen, andere Menschen manipulieren, ihre Macht missbrauchen oder Gewalt anwenden – damit sie befähigt werden, sich selbst und ihr Handeln zu reflektieren; damit ihr Herz erweichen möge denen gegenüber, denen sie Schmerz und Leid zugefügt haben.

Meine Intention ist, ein ressourcenstärkendes Buch zu schaffen, ohne bei einem bestimmten Teil meiner eigenen Lebensgeschichte stehen zu bleiben. Mein Anliegen ist es, eine Möglichkeit unter vielen aufzuzeigen, Perspektiven zu weiten und neue Denkweisen zu ergründen. Meine Identität gründet nicht allein in meiner Vergangenheit und bleibt auch nicht bei ihr stehen, sondern ist eine Realität des Gewordenseins und des Werdens in eine noch unsichtbare Zukunft hinein.

Psalmen werden nicht geschrieben.

Psalmen werden gebetet.

Zu Beginn stand kein Buch. Am Anfang war eine Not. Am Anfang war meine Not.

Ich bin einst aufgeschreckt aus meinem Dämmerschlaf, nachdem das verabreichte spirituelle Anästhetikum – »Freundschaft« genannt – begann, sich langsam aus meinem Leben auszuschleichen.

Ich habe mich nie an den Begriff »Missbrauch« gewöhnen können und will mich auch nicht mit ihm anfreunden. Er »objektisiert« die Person, der Gewalt angetan wurde, und nimmt ihr qua Definition die Handlungsmacht und Handlungsfähigkeit.

Menschen meinen nicht Ja, wenn sie nicht Nein sagen können. Menschen wehren sich nicht, weil sie Angst haben vor noch größerer Gewalt. Und nein, es gefällt niemandem; es ist nicht schön, für die Bedürfnisse anderer zum Objekt degradiert zu werden.

Geschrieben habe ich, weil ich weder schreien noch sprechen konnte. Geschrieben habe ich, weil meine Tränenbäche schneller ausgetrocknet waren, als sie gefüllt wurden. Geschrieben habe ich, damit ich die Anhörungen, die Eidablegung auf den Namen des allmächtigen Gottes, die Vernehmungen der staatlichen und kirchlichen Institutionen überleben konnte.

Wer innerhalb von fünf Stunden und siebzehn Minuten, exklusive einer vierminütigen Toilettenpause, beweisen soll, dass die eigenen Erfahrungen weder böswillig erfunden noch aus religiösem schlechtem Gewissen entstanden sind und am allerwenigsten einvernehmlich waren, denkt, nicht weiterleben zu können. Glücklich dürfen sich jene Menschen nennen, die in einer solchen Situation einen tragenden Lebenssinn finden. In meinem Fall begegnete mir Gott als die Ewige Liebe und als der Lebendige.

Wie bei den meisten Menschen, die dem Schweigen ein Ende bereiten und das unter den Teppich Gekehrte aufdecken, geschah es auch bei mir: Das Ermittlungsverfahren wurde von der Staatsanwaltschaft und der Generalstaatsanwaltschaft eingestellt – aufgrund fehlender Beweisbarkeit sowie mangelnder Abwehr der Übergriffe.

Derzeit bieten die deutschen Gesetze keine Grundlage für die Strafverfolgung der Ausnutzung längerfristiger spiritueller Beratungs- und Begleitungs-Settings.

Auch ich befand mich in einem solchen Setting.

Vergleichbar einem Therapeuten trägt der geistliche Begleiter die Verantwortung für die Gestaltung der Beratungsbeziehung. Wenn in einem eigentlich professionellen Setting das Blatt sich mittels gezielter Grooming-Strategien schleichend wendet und eine hilfesuchende Person schließlich zur Bedürfnisbefriedigung der professionellen Autorität benutzt wird, muss dies in Zukunft auch strafrechtliche Konsequenzen haben.

Psalmen: Stummgemachte beten.

Als Ordensschwester bete und singe ich täglich Psalmen mit meinen Mitschwestern und anderen Menschen. Man muss sich in die sehr alten Texte einfühlen, sonst bleiben sie schwarze Buchstaben auf weißem Papier.

Für mich wurden die Psalmbeter:innen zu Schwestern und Brüdern und zu Verbündeten. Meine Not spiegelte sich in ihren Worten wider wie auf der Wasseroberfläche eines Sees.

Ich erhielt den Impuls, einmal Psalm 23 in meinen Worten zu formulieren. Im Meditieren und Schreiben öffnete sich mir eine neue Welt: Ich konnte wieder mit Gott sprechen, ihr von meiner Not erzählen, ihm meine tiefsten Gedanken ans Herz legen. Ich trug nun keine leeren Formelhülsen mehr vor wie eine Fünfjährige zum Muttertag. Nein, ich begegnete einem Du, einem Gegenüber, das mich kennt, versteht und ansieht.

Meine Worte sind die Worte von einst, die vor Tausenden von Jahren gebildet wurden. Sie sind in einer konkreten Situation entstanden, so, wie heute meine Worte geboren wurden in meinem konkreten Leben.

In Zeiten der Stille, der Anbetung und Meditation bin ich immer wieder in diese Welt eingetaucht, die sich mir geöffnet hatte. Es entstanden Worte und Texte formten sich.

Für mich war es ein Weg, heiler zu werden. Die offenen Wunden, welche die spiritualisierte und sexualisierte Gewalt in mir zurückgelassen hatte, wurden in diesen vielen Stunden gesalbt und verbunden, bis nur noch Narben übriggeblieben sind.

Mein Gottesbild transformierte sich. Ich wählte andere Worte, um mich mit meinem Gott zu freuen, um mit ihr zu hadern, um zu klagen und zu schreien oder um Freudentänze zu veranstalten. Ich konnte Gott meine Gefühle zeigen und musste nichts mehr verstecken oder ihr nur mein lächelndes Ich präsentieren.

Manche Worte mögen so hart und kalt wirken, dass einem das Wort in der Kehle gefrieren will. Es sind Not-Worte, die um den Bestand der eigenen Existenz ringen. Worte, um eine Perspektive des Weiterlebens für beide, für den Gewaltausübenden wie für die Gewalterfahrende, zu eröffnen.

Ich erlebte ein spürbares Auferstehen; das dunkle Grab wurde gesprengt und mein Bild von Gott neu gebildet. Nicht von einem Augenblick zum nächsten, aber Schritt für Schritt.

Gott begegnete mir nicht nur als Ewige Liebe und Lebendiger. Gott *wurde mir* zur Ewigen Liebe und zum Lebendigen. Nicht allein männliche Attribute und Anreden kamen über meine Lippen, aber auch nicht nur weibliche, wie man vermuten könnte, wenn ein sogenannter Repräsentant Christi derjenige ist, welcher sich selbst zur Assoziation von Gewalt und Missbrauch machte.

Ich sehnte mich nach sprachlicher Weite. Nach Worten, die mich nicht von einem Trigger zum nächsten schubsen. Im Schreiben bemerkte ich immer mehr, dass die Psalmen jetzt gefärbt wurden von meinen eigenen Erfahrungen und Gefühlen. Ich bemerkte auch, dass es nicht meine alleinigen Erfahrungen und Gefühle sind. So, wie ich mich nach »betbaren« Worten sehne, muss es doch auch noch andere Sehnsüchtige geben, dachte ich. Das enorme Ausmaß allein der nachweisbaren und veröffentlichten Betroffenen-Zahlen gab mir eine Ahnung, dass über eine spirituelle Suche viele auch Menschen begegnet sind, die spiritualisierte und sexualisierte Gewalt auf sie ausüben.

Sexualisierte Gewalt raubt bereits alles. Spiritualisierte Gewalt nimmt einem auch das, was nach dem letzten Hemd noch übrigbleibt: das innerste Geheimnis eines Menschen. Menschen können diesen unantastbaren Raum betreten, sie können damit die Würde eines anderen Menschen rauben. Sie können es, wenn sie diese Gewalt intendieren, und sie haben die besten Kostüme und Verkleidungen, um ihre egozentrisch-narzisstische Persönlichkeit durch scheinbare Empathiefähigkeit zu kaschieren.

Das Schreiben hat mir Handlungsmacht zurückgegeben. Es soll andere ermutigen, ihren Gott zu finden. Einen Gott, der es weh ums Herz ist, wenn sie Leidende sieht oder wenn sie Ungerechtigkeit fühlt. Einen Gott, den sie anschreien können, dem sie die dunkelsten Gefühle erzählen dürfen.

Nur Schreiben und Sprechen können die eigenen Widerstandsressourcen aufbauen und die persönliche Resilienz stärken. Die Trampelpfade zum Sprachzentrum müssen häufig gegangen werden. Vorbei an schmerzenden Brennnesseln, über stachelige Brombeersträucher und durch Disteln. Dann werden sie zu Gewohnheitswegen, die man auch mit geschlossenen Augen findet, auf denen man am Herzschlag des Vertrauens auftanken und beständig frische Hoffnung atmen kann.

Sr. Sophia Weixler